人工智能技术在金融领域中的应用、评估与创新研究

李 娇 著

西南财经大学出版社
Southwestern University of Finance & Economics Press

中国·成都

图书在版编目(CIP)数据

人工智能技术在金融领域中的应用、评估与创新研究/李娇著.—成都:
西南财经大学出版社,2023.11
ISBN 978-7-5504-5981-6

Ⅰ.①人…　Ⅱ.①李…　Ⅲ.①人工智能—应用—金融业—研究
Ⅳ.①F83-39

中国国家版本馆 CIP 数据核字(2023)第 203331 号

人工智能技术在金融领域中的应用、评估与创新研究

RENGONG ZHINENG JISHU ZAI JINRONG LINGYU ZHONG DE YINGYONG、PINGGU YU CHUANGXIN YANJIU

李　娇　著

策划编辑:李特军
责任编辑:金欣蕾
责任校对:冯　雪
封面设计:杨红英　张姗姗
责任印制:朱曼丽

出版发行	西南财经大学出版社(四川省成都市光华村街 55 号)
网　　址	http://cbs.swufe.edu.cn
电子邮件	bookcj@swufe.edu.cn
邮政编码	610074
电　　话	028-87353785
照　　排	四川胜翔数码印务设计有限公司
印　　刷	四川煤田地质制图印务有限责任公司
成品尺寸	170mm×240mm
印　　张	8.5
字　　数	134 千字
版　　次	2023 年 11 月第 1 版
印　　次	2023 年 11 月第 1 次印刷
书　　号	ISBN 978-7-5504-5981-6
定　　价	58.00 元

前言

　　人工智能是指由计算机系统或机器执行的通常需要人类智慧的任务或过程。人工智能技术包括机器学习、知识图谱、自然语言处理、计算机视觉等，它们可以使计算机系统或机器具有感知、理解、推理、决策和交互等能力。近年来，随着计算能力的提升、数据量的增加和算法的进步，人工智能技术取得了突破性的发展，在各个领域展现出了巨大的应用价值和社会影响。

　　金融是指以货币为媒介进行资金融通、支付结算、信用担保等活动的经济行为。金融是经济社会发展的重要基础和支撑，也是科技创新的重要领域和驱动力。金融行业具有容量大、历史数据准确和可量化等特点，非常适合与人工智能技术相结合。人工智能技术可以帮助金融机构提高金融效率和准确性，改善客户的金融体验感和满意度。

　　首先，本书介绍了人工智能与金融的概念、背景、意义和研究现状。人工智能与金融领域的结合具有重要的意义和价值。从理论上看，人工智能与金融领域的结合可以推动人工智能技术的发展和创新，也可以丰富和深化金融理论和方法。从实践上看，人工智能与金融领域的结合可以提升金融行业的竞争力和创造力，也可以改善社会经济水平。从战略上看，人工智能与金融领域的结合可以促进国家的科技进步和经济转型，也可以增强国家的软实力和国际影响力。人工智能与金融领域的结合也引起了国内外学者广泛的关注和研究，他们从不同的角度和层面，对人工智能与金融领域的概念、特征、应用、评估、创新等方面进行了深入的探讨和分析。本书在借鉴和综合前人研究的基础上，试图从一个更全面和系统的视角，对人工智能技术与金融领域融合发展进行系统的分析和探讨。

其次，本书明确了研究的目的、内容和方法。本书的研究目的是从人工智能技术的应用、评估与创新三个方面，对金融领域中人工智能技术的发展现状、挑战和未来趋势进行系统的分析和探讨。

本书的研究内容包括以下几个方面：

（1）介绍人工智能技术在金融领域中的应用现状、挑战和未来发展方向，分析人工智能技术对金融行业的影响和价值。

（2）分析人工智能技术的核心组成，如机器学习、知识图谱、自然语言处理、计算机视觉等，以及它们与大数据、云计算、区块链等技术的相互融合，以及如何在金融场景中实现智能化应用，并对其效果进行评估。

（3）分析人工智能+金融行业的技术提供方的多样性，如科技巨头、细分领域标杆企业、传统金融机构等，以及它们如何利用开放的技术平台、稳定的获客渠道和持续的创新活动，与金融行业的资源优势相结合，重新定义价值链创造模式，并形成差异化服务能力与多样化盈利模式。

（4）分析人工智能+金融行业对社会发展和公共利益的贡献，如促进金融普惠、金融教育、金融安全等，以及对社会问题和公共风险的应对，如防范金融危机、金融犯罪、金融歧视等。

（5）分析人工智能+金融行业的社会责任和伦理规范，如尊重客户权利、保护客户隐私、提高服务质量等，以及社会责任和伦理规范的履行机制等。

本书的主要研究方法是文献综述和案例分析。文献综述是指通过查阅相关的书籍、期刊、报告等文献资料，对人工智能与金融领域融合发展的相关理论和实践进行梳理和总结。案例分析是指通过选择具有代表性和典型性的人工智能与金融领域融合发展的应用案例，对其进行详细的描述和分析，以揭示其内在的规律和特点。

本书的主要内容安排如下：第一章介绍了人工智能技术的基础知识，包括人工智能技术的定义、发展历程、主要技术和应用领域等；第二章介绍了金融行业的发展与变革，包括金融行业的特征、功能和发展趋势，以及金融行业面临的机遇与挑战等；第三章梳理了人工智能技术与金融领域相结合的相关理论，并介绍了人工智能技术在金融领域中的应用，包括人工智能技术在风险管理、投资决策、客户服务等方面的应用案例等；第四章介绍了人工智能技术在金融领域中面临的挑战，包括数据质量和隐私保护问题、可解释性和透明度问题、法律和伦理问题、技术和人才问题，并提出了解决方案；第五章介绍了人工智能技术在金融领域中的未来发展方向，包括在智能合约和区块链技术、自主学习和增强学习技术、联邦学习和隐私计算技术等方面的创新机遇及其影响意义等；第六章介绍了人工智能+金融行业的商业模式与价值创造，包括技术提供方的多样性、价值链创造模式、服务能力与盈利模式等；第七章介绍了人工智能+金融行业的社会责任与伦理规范，包括对社会发展和公共利益的贡献、对社会问题和公共风险的应对、社会责任和伦理规范及其履行机制等；第八章研究了用户对人工智能+金融服务的认知、态度和行为意向，并总结了本书的主要观点和结论，指出了本书的不足和局限，提出了未来的研究方向和建议。

李娇

2023 年 11 月

目录

第一章　人工智能技术概述

本章介绍了人工智能（AI）技术的基础知识，包括人工智能技术的定义、发展历程、主要技术和应用领域等。

第一节　人工智能技术的定义

人工智能是一门涉及多个学科领域的交叉学科，其研究目标是使计算机系统或机器具有类似于人类的智慧。人工智能技术是指实现人工智能目标所使用的各种技术方法和手段。

一、人工智能的概念

关于人工智能的概念，学术界并没有一个统一和明确的定义，不同的学者和机构从不同的角度和层面对其进行了解释和描述。本书参考了国际标准化组织（ISO）对人工智能的定义，将其定义为：由计算机系统或机器执行的通常需要人类智慧的任务或过程。这个定义强调了两个方面：一是人工智能是由计算机系统或机器执行的，而不是由人类执行的；二是人工智能执行的是通常需要人类智慧的任务或过程，而不是任何任务或过程。这个定义也暗示了两个问题：一是什么是计算机系统或机器，二是什么是人类智慧。

计算机系统或机器是指由硬件和软件组成的具有信息处理功能的设备或系统，如个人电脑、手机、服务器、机器人等。计算机系统或机器可以根据预设的程序或规则进行信息输入、存储、处理和输出，也可以根据外部环境或内部状态进行自适应调整和优化。

人类智慧是指人类具有的感知、理解、推理、决策和交互等能力，以及创造、学习和创新等特质。人类智慧可以分为多种类型，如逻辑智慧、语言智慧、空间智慧、音乐智慧、情感智慧等。人类智慧可以通过多种方式进行表达和评估，如智商测试、情商测试、创造力测试等。

二、人工智能的特征

根据上述对人工智能的定义，我们可以归纳出人工智能以下几个方面的特征：

（1）技术性。人工智能是一种技术，而不是一种自然现象或生命形式，它依赖于计算机系统或机器的硬件和软件，以及人工智能技术的方法和手段。

（2）模拟性。人工智能是一种模拟，而不是一种复制或替代，它试图模拟人类智慧的任务或过程，而不是完全复制或替代人类智慧的本质或功能。

（3）功能性。人工智能是一种功能，而不是一种目的或价值，它旨在实现特定的任务或过程，而不是追求特定的目的或价值，它的功能取决于其设计者和使用者的意图和需求。

（4）可变性。人工智能是一种可变的技术，而不是一种固定的或唯一的技术。它可以根据不同的任务或过程、不同的计算机系统或机器、不同的环境条件等进行调整和优化。

三、人工智能的分类

人工智能可以根据不同的标准进行分类，如按照其实现方式分类、按照表现水平分类等。本书参考了人工智能领域的权威学者罗素（Russell）和诺维格（Norvig）对人工智能的分类方法，将其分为以下两种类型：

（1）弱人工智能：指在特定领域或任务中表现出超越人类水平的智慧，但在其他领域或任务中表现出低于或等于人类水平的智慧。弱人工智能通常只具有部分或局部的人类智慧，如感知、理解、推理、决策等，但缺乏完整或全局的人类智慧，如创造、学习、创新等。弱人工智能也被称为窄人工智能（narrow AI）或专用人工智能（specialized AI）。

（2）强人工智能：指在任何领域或任务中都可以达到或超越人类水平的智慧。强人工智能通常具有完整或全局的人类智慧，如感知、理解、推理、决策、创造、学习、创新等，并且可以自主地进行学习和改进。强人工智能也被称为广泛人工智能（general AI）或全面人工智能（full AI）。

目前，人工智能技术主要处于弱人工智能阶段，但已经在各个领域取得了令人瞩目的成果。例如，在国际象棋、围棋等棋类游戏中，计算机程序已经可以战胜世界顶级棋手；在图像识别、语音识别、自然语言处理等方面，计算机程序已经可以达到甚至超越人类水平；在医疗诊断、法律咨询、金融投资等方面，计算机程序已经可以提供高效和准确的服务。然而，在强人工智能方面，还没有一个计算机程序可以在任何领域或任务中有达到或超越人类水平的智慧。强人工智能还面临着许多理论和实践上的难题和挑战，如：如何定义和度量智慧，如何实现自主学习和创新，如何保证人工智能的可控性和安全性等。

第二节　人工智能技术的发展历程

人工智能技术的发展历程可以分为四个阶段，分别是萌芽期、兴起期、低谷期和复兴期。每个阶段都有其特定的背景、特征、成果和问题。

一、萌芽期

萌芽期是指 20 世纪 40 年代到 50 年代中期人工智能技术的概念和理论开始形成的时期。这个阶段的特征是人工智能技术主要依赖于符号逻辑和规则系统，以及计算机程序的编写和运行。这个阶段的成果是一些具有历史意义的人工智能项目和实验，如图灵测试、逻辑理论家、通用问题求解器等。这个阶段的问题是人工智能技术受限于计算机硬件的性能和存储容量，以及人工智能理论的不完善。

二、兴起期

兴起期是指20世纪50年代中期到70年代中期人工智能技术得到了迅速发展和广泛应用的时期。这个阶段的特征是人工智能技术开始涉及多个领域和任务，如游戏、语言、视觉、推理等，并且开始使用多种方法和技术，如搜索、知识表示、神经网络等。这个阶段的成果是一些具有里程碑意义的人工智能项目和实验，如达特茅斯会议、埃尔莎（ELIZA）、达摩克利斯（DENDRAL）等。这个阶段的问题是人工智能技术遇到了一些难以克服的困难和挑战，如常识问题、语义鸿沟、组合爆炸等。

三、低谷期

低谷期是指20世纪70年代中期到90年代中期人工智能技术停滞和衰退的时期。这个阶段的特征是人工智能技术缺乏有效的方法和技术，以及广泛的应用领域和任务。这个阶段的成果是一些具有创新意义的人工智能项目和实验，如专家系统、框架系统、规则引擎等。这个阶段的问题是人工智能技术受到批评和质疑，如对人工智能的可行性、可靠性、可解释性等的批评和质疑。

四、复兴期

复兴期是指从20世纪90年代中期到现在人工智能技术重新获得了发展和应用的动力和机遇的时期。这个阶段的特征是人工智能领域开始使用多种方法和技术，如机器学习、知识图谱、自然语言处理、计算机视觉等，并且开始与多个领域相结合，如教育、医疗、交通、娱乐等。这个阶段的成果是一些具有突破性和影响力的人工智能项目和实验，如深度学习、阿尔法围棋（AlphaGo）、Siri[①]等。这个阶段的问题是人工智能技术仍然面临着一些新出现的困难和挑战，如数据质量和隐私保护问题、法律和伦理问题等。

---

① 注：苹果手机语音助手。

第三节　人工智能技术的主要技术

人工智能技术是指实现人工智能目标所使用的各种技术方法和手段。人工智能技术包括多种技术，如机器学习、知识图谱、自然语言处理、计算机视觉等。本节将分别介绍这些技术的基本概念、方法和应用。

一、机器学习

机器学习是指使计算机系统或机器从数据中自动学习和改进的技术。机器学习可以分为三种类型：监督学习、无监督学习和强化学习。

（一）监督学习

监督学习是指在给定输入数据和期望输出数据（标签）的情况下，训练计算机系统或机器学习一个映射函数，使其能够对新的输入数据进行正确的输出预测。监督学习可以分为分类问题和回归问题：前者指输出数据是离散的类别，后者指输出数据是连续的数值。监督学习的常用方法有决策树、支持向量机、神经网络等。

（二）无监督学习

无监督学习是指在没有给定期望输出数据（标签）的情况下，训练计算机系统或机器从输入数据中发现隐藏的结构或模式。无监督学习可以分为聚类问题和降维问题：前者指将输入数据分为若干个相似的子集，后者指将输入数据从高维空间转换到低维空间。无监督学习的常用方法有 K-均值算法、主成分分析、自编码器等。

（三）强化学习

强化学习是指在给定一个目标或奖励函数的情况下，训练计算机系统或机器通过与环境的交互，学习一个最优策略，使其能够在一定时期内获得最大的累积奖励。强化学习可以分为模型无关的方法和模型相关的方法：前者不需要知道环境的动态特征，后者需要知道环境的动态特征。强化学习的常用方法有 Q-学习、策略梯度、深度 Q 网络等。

机器学习是人工智能技术的核心和基础，它可以使计算机系统或机器具有自主学习和改进的能力，从而提高其智慧水平。机器学习在各个领域和任务中都有广泛的应用，如图像识别、语音识别、自然语言处理、计算机视觉、推荐系统、搜索引擎等。

二、知识图谱

知识图谱是指用于表示和存储知识的数据结构，它由实体、属性和关系组成，形成一个有向图或网络。知识图谱可以分为通用知识图谱和领域知识图谱。

（一）通用知识图谱

通用知识图谱包含了多个领域的知识或与领域无关的知识，如人物、地点、事件、概念等。通用知识图谱的目标是构建一个全面且准确的知识库，以支持各种智能应用。通用知识图谱的常用方法是从结构化数据、半结构化数据和非结构化数据中抽取实体、属性和关系，并进行融合、清洗和推理等。通用知识图谱的代表性项目有 Google Knowledge Graph、Microsoft Satori、Facebook Entity Graph 等。

（二）领域知识图谱

领域知识图谱只包含了某个特定领域的知识，如医疗、教育、金融等。领域知识图谱的目标是构建一个专业和精细的知识库，以支持特定领域的智能应用。领域知识图谱的常用方法是从专业文献、专家经验和用户反馈中抽取实体、属性和关系，并进行校验、修正和更新等。领域知识图谱的代表性项目有 IBM Watson for Oncology、Amazon Product Graph、Alibaba E-commerce Knowledge Graph 等。

知识图谱是人工智能技术的重要组成部分，它可以使计算机系统或机器具有存储和利用知识的能力，从而提高其理解水平。知识图谱在各个领域和任务中都有重要的应用，如问答系统、搜索引擎、推荐系统、智能助理等。

三、自然语言处理

自然语言处理是指使计算机系统或机器能够理解和生成自然语言（如中文、英文等）的技术。自然语言处理可以分为自然语言理解和自然语言生成两个方向。

（一）自然语言理解

自然语言理解指从自然语言中提取信息和意义的技术，包括自然语言的分词和词性标注、命名实体识别、句法分析、语义分析、情感分析、指代消解等。自然语言理解的常用方法有基于规则的方法、基于统计的方法和基于神经网络的方法等。

（二）自然语言生成

自然语言生成指根据信息和意义生成自然语言的技术，包括自然语言的模板生成、规则生成、统计生成和神经网络生成等。自然语言生成的常用方法有基于模板的方法、基于规则的方法和基于神经网络的方法等。

自然语言处理是人工智能技术的重要组成部分，它可以使计算机系统或机器具有理解和生成自然语言的能力，从而提高其交互水平。自然语言处理在各个领域和任务中都有重要的应用，如机器翻译、文本摘要、文本分类、对话系统、智能写作等。

四、计算机视觉

计算机视觉是指使计算机系统或机器能够理解和生成图像或视频的技术。计算机视觉可以分为图像理解和图像生成两个方向。

（一）图像理解

图像理解是指从图像或视频中提取信息和意义的技术，包括图像或视频的预处理、特征提取、目标检测、目标跟踪、目标识别、目标分割、场景理解、姿态估计等。图像理解的常用方法有基于传统图像处理的方法、基于机器学习的方法和基于深度学习的方法等。

（二）图像生成

图像生成是指根据信息和意义生成图像或视频的技术，包括图像或视频的合成、变换、增强、修复、风格迁移等。图像生成的常用方法有基于传统图像处理的方法、基于机器学习的方法和基于深度学习的方法等。

计算机视觉是人工智能技术的重要组成部分，它可以使计算机系统或机器具有理解和生成图像或视频的能力，从而提高其感知水平。计算机视觉在各个领域和任务中都有重要的应用，如人脸识别、车牌识别、行人检测、医学影像分析、虚拟现实等。

第四节　人工智能技术的应用领域

人工智能技术在各个领域和任务中都有广泛的应用，如教育、医疗、交通、娱乐等。本节将介绍这些领域中人工智能技术的典型应用案例。

一、教育

教育是指通过教师与学生之间或学生与学生之间的交流和互动，使学生获得知识与技能，培养思维与品德，实现个人与社会发展的过程。教育领域中人工智能技术主要应用在以下几个方面：

（一）智能教学

智能教学指利用人工智能技术辅助教师进行教学设计与实施，例如：根据学生的特点和需求，提供个性化和适应性的教学内容和方法，如智能教材、智能课程、智能教具等；或者根据教师的特点和需求，提供辅助和支持，如智能备课、智能评价、智能辅导等。

（二）智能学习

智能学习指利用人工智能技术辅助学生进行自主学习和协作学习，例如：根据学生的兴趣和目标，提供个性化和适应性的学习资源和路径，如智能推荐、智能导航、智能计划等；或者根据学生的学习进度和表现，提供及时和有效的反馈和指导，如智能评估、智能问答、智能辅导等。

（三）智能管理

智能管理指利用人工智能技术辅助教育管理者进行教育决策和监督，例如：根据教育数据和规则，提供分析和预测，如智能分析、智能预测、智能报告等；或者根据教育目标和策略，提供建议和优化，如智能建议、智能优化、智能调度等。

教育领域中人工智能技术的典型应用案例有：

案例一：松鼠 AI（Squirrel AI）是一家基于人工智能技术的个性化教育平台，它通过收集和分析学生的学习数据，构建学生的知识状态模型，然后根据学生的知识状态模型，动态地为学生提供适合其当前水平和目标的教学内容和方法，从而实现个性化和适应性的教学。松鼠 AI 已经在全国多个城市开设了线下学习中心，并且取得了良好的教学效果。

案例二：考拉阅读（Koala Reading）是一款基于人工智能技术的儿童阅读应用，它通过收集和分析儿童的阅读数据，构建儿童的阅读兴趣模型，然后根据儿童的阅读兴趣模型，动态地为儿童推荐适合其当前兴趣和水平的图书，并且提供语音朗读、互动问答、阅读报告等功能，从而实现个性化和互动化的阅读。考拉阅读已经拥有了数百万用户，并且获得了良好的用户评价。

案例三：阿尔法（Alpha）是一款基于人工智能技术的高中数学辅导应用，它通过收集和分析高中生的数学数据，构建高中生的数学知识模型，然后根据高中生的数学知识模型，动态地为高中生提供适合他的练习题，并且提供详细的解题步骤、解题提示、解题视频等，从而实现个性化和引导式的练习。阿尔法已经在全国多个城市进行了试点，并且取得了良好的练习效果。

二、医疗

医疗是指通过医生与患者之间或患者与患者之间的交流和互动，使患者获得诊断与治疗，提高其健康水平和生活质量的过程。医疗领域中人工智能技术主要应用在以下几个方面：

（一）智能诊断

智能诊断指利用人工智能技术辅助医生进行疾病的诊断和分析，例如：根据患者的症状、体征、检验结果、影像等数据，提供可能的诊断结果和置信度，如智能诊断系统、智能辅助系统等；或者根据患者的基因、生活习惯、环境因素等数据，提供个性化的诊断结果和建议，如智能预测系统、智能预防系统等。

（二）智能治疗

智能治疗指利用人工智能技术辅助医生进行疾病的治疗和管理，例如：根据患者的诊断结果和个体特征，提供治疗方案和药物剂量，如智能治疗系统、智能药物系统等；或者根据患者的治疗过程和反应，提供及时的调整和优化方案，如智能监测系统、智能调节系统等。

（三）智能康复

智能康复指利用人工智能技术辅助患者进行康复治疗，例如：根据患者的康复目标和状态，提供个性化和适应性的康复训练和指导，如智能康复系统、智能教练系统等；或者根据患者的康复效果和反馈，提供及时的评估和建议，如智能评估系统、智能咨询系统等。

医疗领域中人工智能技术的典型应用案例有：

案例一：IBM Watson for Oncology 是一款基于人工智能技术的肿瘤诊断和治疗辅助系统，它通过收集和分析来自世界各地的肿瘤专家、医学文献、临床试验等数据，构建一个全面和准确的肿瘤知识库，然后根据患者的具体情况，为医生提供诊断结果和治疗方案，并给出相应的证据和置信度。IBM Watson for Oncology 已经在全球多个国家和地区进行了应用，并且取得了良好的诊断和治疗效果。

案例二：DeepMind Health 是一款基于人工智能技术的医疗数据分析和管理平台，它通过收集和分析来自医院、诊所、实验室等机构的医疗数据，构建了一个动态和实时的医疗数据模型，然后根据医生或患者的需求，为其提供医疗信息和建议，并给出相应的解释和证据。DeepMind Health 已经与英国多家医院合作，并且取得了良好的数据分析和管理效果。

案例三：奇点（Singularity）是一款基于人工智能技术的心理健康辅助应用，它通过收集和分析用户的心理状态和行为数据，构建了一个个性化和动态的心理模型，然后根据用户的心理问题和目标，为其提供个性化和适应性的心理咨询和辅导，并给出相应的反馈和建议。奇点已经拥有了数百万用户，并且获得了良好的用户评价。

三、交通

交通是指通过各种交通工具和设施，实现人员、物资、信息等的运输和流动的过程。交通领域中人工智能技术主要应用在以下几个方面：

（一）智能驾驶

智能驾驶指利用人工智能技术辅助或代替人类驾驶员进行汽车的驾驶和控制，例如：根据汽车的状态、路况、交通规则等数据，提供驾驶策略，如智能导航、智能巡航、智能泊车等；或者根据汽车的目的地和乘客的需求，自动进行驾驶和控制，如自动驾驶、自动叫车、自动送货等。

（二）智能调度

智能调度指利用人工智能技术辅助或代替人类调度员进行交通工具和设施的调度和管理，例如：根据交通需求、供给、成本等数据，提供调度方案并进行资源分配，如智能路线、智能票价、智能优化等；或者根据交通状况和预测，自动进行调度和管理。

（三）智能监测

智能监测指利用人工智能技术辅助或代替监测员进行交通安全和效率的监测和评估，例如：根据交通视频、传感器等数据，提供实时和准确的监测结果和报告，如智能识别、智能分析、智能报警等；或者根据监测结果和反馈，自动进行预警和处置，如智能预警、智能处置、智能救援等。

交通领域中人工智能技术的典型应用案例有：

案例一：特斯拉（Tesla）是一家基于人工智能技术的电动汽车制造商，它通过收集和分析来自汽车的多种传感器（如摄像头、雷达、超声波等）的数据，构建了一个全面和准确的汽车状态模型，然后根据汽车状态模型，为汽车提供驾驶策略，并且通过云端不断地更新和优化。特斯拉已经在全球多个国家和地区进行了销售，并且取得了良好的市场反响。

案例二：滴滴（Didi）是基于人工智能技术的出行服务平台，它通过收集和分析来自用户端和司机端的多种数据（如位置、时间、需求、评价等），构建了一个动态和实时的出行需求模型，然后根据出行需求模型，为用户提供出行方案和价格，为司机提供接单策略和收入，并且通过云端不断地更新和优化。滴滴已经在全球多个国家和地区进行了运营，并且获得了良好的用户评价。

案例三：高德（Gaode）是一款基于人工智能技术的地图导航应用，它通过收集和分析来自用户端和路况端的多种数据（如位置、速度、路线等），构建了一个全面和准确的路况模型，然后根据路况模型，为用户提供导航方案和提示，并且通过云端不断地更新和优化。高德已经拥有了数亿用户，并且获得了良好的用户评价。

四、娱乐

娱乐是指通过各种媒体和形式，满足人们的消遣和放松需要，提高人们的幸福感和生活质量的过程。娱乐领域中人工智能技术主要应用在以下几个方面：

（一）智能创作

智能创作指利用人工智能技术辅助或代替人类创作者进行各种艺术作品的创作和生成，例如：根据创作主题、风格、规则等数据，提供创作方案和素材，如智能绘画、智能音乐、智能诗歌等；或者根据创作需求和目标，自动进行创作和生成，如智能小说、智能电影、智能游戏等。

（二）智能推荐

智能推荐指利用人工智能技术辅助或代替人类推荐员进行各种娱乐内容的推荐和分发，例如：根据用户的兴趣、偏好、行为等数据，提供推荐结果和排序，如智能视频、智能音乐、智能阅读等；或者根据用户的反馈和评价，自动进行推荐和分发，如智能广告、智能新闻、智能社交等。

（三）智能互动

智能互动指利用人工智能技术辅助或代替人类互动员进行各种娱乐活动的互动和参与，例如：根据用户的情绪、需求、目标等数据，提供互动方式和内容，如智能聊天、智能问答、智能教练等；或者根据用户的互动过程和结果，自动进行互动和参与，如智能角色、智能对手、智能伙伴等。

娱乐领域中人工智能技术的典型应用案例有：

案例一：艾美（Amy）是一款基于人工智能技术的虚拟偶像应用，它通过收集和分析来自用户端和网络端的多种数据（如声音、图像、文本等），构建了一个真实和动态的虚拟偶像模型，然后根据虚拟偶像模型，为用户提供娱乐内容和互动方式，并且通过云端不断地更新和优化。艾美已经在全球多个国家和地区进行了推广，并且取得了良好的市场反响。

案例二：网易云音乐（NetEase Cloud Music）是一款基于人工智能技术的音乐服务平台，它通过收集和分析来自用户端和音乐端的多种数据（如听歌记录、收藏列表、歌曲信息等），构建了一个动态和实时的音乐兴趣模型，然后根据音乐兴趣模型，为用户提供音乐推荐和播放，并且通过云端不断地更新和优化。网易云音乐已经拥有了数亿用户，并且获得了良好的用户评价。

案例三：腾讯王者荣耀（Tencent Honor of Kings）是一款基于人工智能技术的多人在线竞技游戏，它通过收集和分析来自用户端和游戏端的多种数据（如操作记录、战斗结果、角色信息等），构建了一个全面和准确的游戏能力模型，然后根据游戏能力模型，为用户提供游戏匹配和平衡，并且通过云端不断地更新和优化。腾讯王者荣耀已经在全球多个国家和地区进行运营，并且取得了良好的用户评价。

第五节　本章小结

本章介绍了人工智能技术的基础知识，包括人工智能技术的定义、发展历程、主要技术和应用领域等。本章的主要内容如下：

（1）梳理了人工智能技术的定义。人工智能是由计算机系统或机器执行的通常需要人类智慧的任务或过程。人工智能技术是指实现人工智能目标所使用的各种技术方法和手段。人工智能技术具有技术性、模拟性、功能性和可变性等特征。人工智能技术可以分为弱人工智能和强人工智能两种类型。

（2）总结了人工智能技术的发展历程。人工智能技术的发展历程可以分为四个阶段：萌芽期、兴起期、低谷期和复兴期。目前，人工智能技术主要处于复兴期，但仍然面临着一些新出现的困难和挑战。

（3）阐述了人工智能技术的主要技术。人工智能技术包括多种技术，如机器学习、知识图谱、自然语言处理、计算机视觉等。每种类型都有其基本概念、方法和应用。机器学习是指使计算机系统或机器从数据中自动学习和改进的技术。知识图谱是指用于表示和存储知识的数据结构。自然语言处理是指使计算机系统或机器能够理解和生成自然语言的技术。计算机视觉是指使计算机系统或机器能够理解和生成图像或视频的技术。

（4）概括了人工智能技术的应用领域。人工智能技术在各个领域和任务中都有广泛的应用，如教育、医疗、交通、娱乐等，每个领域都有其典型的应用案例。教育领域中人工智能技术主要应用在智能教学、智能学习和智能管理等方面，医疗领域中人工智能技术主要应用在智能诊断、智能治疗和智能康复等方面，交通领域中人工智能技术主要应用在智能驾驶、智能调度和智能监测等方面，娱乐领域中人工智能技术主要应用在智能创作、智能推荐和智能互动等方面。

本章为后续章节的内容奠定了基础，让读者对人工智能技术有一个整体的认识。

第二章 金融行业的发展与变革

金融是指通过各种金融工具和机构，实现资金的募集、分配、流通和管理的过程。金融行业是一个重要的经济部门，它对于促进经济增长、维护社会稳定、保障民生福利等有着重要的作用。本章将介绍金融行业的特征、功能和发展趋势，以及金融行业面临的机遇和挑战。

第一节 金融行业的特征

金融行业具有以下几个特征：

一、多样性

金融行业包括多种类型和形式的金融活动和服务，如存款、贷款、支付、结算、投资、理财、保险、信用评级等。不同类型与形式的金融活动和服务有着不同的目标、对象、规则和风险，需要不同的技术和方法来支持和实现。

二、复杂性

金融行业涉及了多个层次和环节的金融决策与交易，如个人、企业、政府、市场等。不同层次和环节的金融决策与交易有着不同的逻辑、条件、约束和影响，需要不同的知识和技能来分析与处理。

三、敏感性

金融行业关系到人们的财富和利益，以及社会的安全和稳定。因此，金融行业对信息的准确性、及时性、完整性和保密性都有着极高的要求，需要不断地监测和评估信息的质量和风险，并采取相应的措施来保障信息的安全和有效。

四、动态性

金融行业受到多种因素的影响，如经济状况、政策法规、市场需求、技术创新等。因此，金融行业需要不断地适应和应对外部环境的变化，并进行相应的创新和改革，以提高自身的竞争力和效率。

第二节　金融行业的功能

金融行业具有以下几个功能：

一、资金募集

资金募集是指通过各种方式，将社会上闲散或富余的资金集中起来，以满足各种投资或消费的需求。例如，银行通过吸收储户的存款，为企业或个人提供贷款；证券市场通过发行股票或债券，为企业或政府筹集资本；基金市场通过发行基金份额，为投资者提供投资渠道等。

二、资金分配

资金分配是指通过各种方式，将社会上集中起来的资金分配给各种投资或消费项目，以实现资金的最优化利用。例如，银行通过信用评级或抵押担保等方式，为贷款对象进行筛选和分级；证券市场通过价格发现或交易撮合等方式，为股票或债券的买卖双方进行匹配和交易；基金市场通过投资策略或风险控制等方式，为基金的投资组合进行配置和调整等。

三、资金流通

资金流通是指通过各种方式，实现资金在不同主体、地域、时点之间的转移和交换，以促进资金流动。例如，支付系统通过电子货币或电子支票等方式，为资金的支付和结算提供便捷和安全的服务；汇率市场通过外汇交易或汇率调节等方式，为不同货币之间的兑换和平衡提供公平和有序的机制；利率市场通过存贷款利率或债券收益率等方式，为不同期限之间的资金供求提供合理和灵活的价格等。

四、资金管理

资金管理是指通过各种方式，对资金的来源、去向、数量、质量等进行监督和控制，以保障资金的安全和稳定。例如，央行通过货币政策或金融监管等方式，对社会总需求或金融机构进行调控和指导；银行通过风险管理或内部审计等方式，对自身的资产负债或业务活动进行评估和优化；投资者通过财务分析或投资规划等方式，对自身的收入支出或投资回报进行预测和调整等。

五、支付结算

金融行业通过各种渠道和工具，为经济主体提供便捷安全的支付结算服务，保障货币流通和经济交易的顺畅进行。例如，支付宝、微信支付等第三方支付平台，通过手机扫码、脸部识别等方式，让用户可以快速完成线上支付；跨境支付系统如 SWIFT、CHIPS 等，让不同国家或地区之间的货币转换和结算更加便利。

六、风险管理功能

金融行业通过各种手段和方法，为经济主体提供风险转移、分散、规避等服务，降低经济活动的不确定性和损失。例如，保险公司通过收取保费，承担被保险人因意外事故或自然灾害造成的财产损失或人身伤害；期货市场通过提供合约交易，让生产者或消费者可以锁定未来某一时点的商品价格，规避价格波动带来的风险。

七、信息传递

金融行业通过各种渠道和工具，为经济主体提供有关市场、政策、信用等方面的信息，帮助经济主体做出合理的决策。例如，股价变动反映了上市公司的经营状况和市场预期，信用评级机构所发布的评级报告反映了借款人或债券发行人的还款能力，百度智能云等平台所提供的大数据分析服务帮助金融企业挖掘客户需求和行为特征。

八、政策调控

国家通过货币政策、金融监管政策等，影响金融市场的供求、价格、流动性等，进而影响实体经济的总需求、总供给、物价水平等。例如，中国人民银行通过调整存款准备金率、利率，公开市场业务操作等方式，影响市场资金的供应量和成本，达到稳健的货币政策目标。

第三节 金融行业的发展趋势

金融行业为应对新的市场环境和客户需求做出了许多探索，从而提升了自身的竞争力和创新力。本节将分析金融行业的三大发展趋势，即数字化、个性化和社会化，并结合具体的案例进行说明。

一、数字化

数字化是指利用数字技术和数字平台，对金融产品、服务、流程、管理等进行创新和优化，以提高效率、降低成本、增强体验、增加价值。数字化是金融行业的核心驱动力，也是金融行业的必然选择。

案例：中国工商银行积极推进数字化转型，以智慧银行为核心，全面赋能生态价值链。中国工商银行通过建设智慧网点、智慧柜台、智慧客服等，提升客户体验和服务效率；通过建设智慧营销、智慧风控、智慧运营等，提升业务效率和管理水平；通过建设智慧生态、智慧平台、智慧科技等，提升合作价值和创新能力。中国工商银行利用人工智能、区块链、云计算等新兴技术，打造了一系列创新型金融产品和服务，如人脸识别取款机、区块链跨境汇款、云闪付等。中国工商银行通过数字化转型，实现了客户增长、收入增长、效率提升、风险降低等多重目标。

数字化的主要表现形式有以下几种：

（一）数字化渠道

移动互联网、社交媒体、智能终端等数字化渠道，实现了金融服务的全时段、全场景覆盖，满足了客户的多样化和便捷化需求。例如，中国工商银行推出了"e生活"应用程序（App），集成了金融服务、生活服务、社交功能等多种功能，为客户提供了一站式的智慧生活平台。

（二）数字化产品

金融机构通过大数据、人工智能、区块链等数字技术，开发和推出创新型和智能型金融产品，满足客户的个性化和差异化需求。例如，广发银行利用人工智能技术，打造了"智慧投顾"系统，为客户提供了智能化的投资建议和财富管理服务。

（三）数字化流程

金融机构通过云计算、物联网、5G等数字技术，优化和重构金融服务的内部和外部流程，提高流程的线上化、自动化、智能化水平，降低人工干预和错误率。例如，某欧洲银行通过与某大数据贷款服务公司建立伙伴关系，提供完全数字化的小微企业贷款流程，点几下鼠标，几乎就可实时进行贷款审批，并可在24小时内发放资金。

（四）数字化管理

金融机构通过数据分析、风险控制、监管合规等数字技术，提升管理水平和能力，实现数据驱动的决策模式，增强自身的风险防范和合规保障能力。例如，某美国银行利用大数据分析技术，建立了一个全面的客户画像系统，通过对客户的行为、偏好、需求等进行深度挖掘和分析，实现了精准营销和个性化服务。

二、个性化

个性化是金融行业的核心需求，也是金融行业的必然趋势。个性化是指金融机构根据客户的不同特征、需求和偏好，提供定制化、差异化和专属化的金融产品和服务。个性化能够提升客户的满意度和忠诚度，能够增强金融行业的竞争力和优势，能够拓展金融行业的市场空间和增长点。个性化需要金融机构不断地进行数据分析和知识挖掘，以深入了解客户的需求和偏好，以及市场的变化和机会。

案例：广发银行积极推进个性化转型，以智慧银行为核心，全面赋能生态价值链。广发银行通过建设客户画像、客户分群、客户洞察等，提升客户认知；通过建设智能推荐、智能匹配、智能定价等，提升产品设计和服务质量；通过建设场景化服务、全渠道服务、全时段服务等，提升客户触达率和服务覆盖率。广发银行利用大数据、高级分析、人工智能等新兴技术，打造了一系列个性化金融产品和服务，如智能投顾、智能信贷、智能保险等。广发银行通过个性化转型，实现了客户增长、收入增长、效率提升、风险降低等多重目标。

三、社会化

社会化是指金融行业不仅要追求自身的利润和发展，还要关注社会的需求和发展，为社会的进步和福祉做出贡献。社会化能够提升金融行业的形象和声誉，能够增强金融行业的合法性和合规性，能够拓展金融行业的社会影响力和社会价值。社会化需要金融行业不断地进行社会参与和社会贡献，以支持社会的公平和正义，以及可持续发展。

案例：平安银行积极推进社会化转型，以智慧银行为核心，全面赋能生态价值链。平安银行通过建设绿色金融、普惠金融、慈善公益等，为社会贡献力量；通过建设数字经济、数字政务、数字医疗等，提升社会支持和社会服务能力；通过建设数字文化、数字教育、数字旅游等，增加社会影响力和社会价值。平安银行利用人工智能、区块链、云计算等新兴技术，打造了一系列社会化金融产品和服务，如绿色信贷、小微信贷、爱心捐赠等。平安银行通过社会化转型，实现了自身增长、社会进步、可持续发展等多重目标。

第四节 金融行业的机遇与挑战

在新的市场环境下，金融行业也面临着新的机遇与挑战，需要不断地进行创新与改革，以适应和引领时代的变化。本节将分析金融行业的机遇与挑战，并提出相应的对策和建议。

一、机遇

金融行业的机遇主要来自以下几个方面：

（一）市场需求

随着社会经济的发展和人民生活水平的提高，人们对金融服务的需求呈多样化和高端化。这为金融行业提供了一个广阔的市场空间，也激发了金融行业的创新动力和活力。

案例：招商银行积极响应市场需求，推出了一系列个性化、智能化、便捷化的金融产品和服务，如智能投顾、智能信贷、智能保险等。招商银行利用大数据、高级分析、人工智能等新兴技术，为客户提供更加精准、高效、优质的金融解决方案，满足客户的不同需求和偏好，提升客户的满意度和忠诚度。

（二）技术创新

随着科技进步和技术革新，人工智能、区块链、云计算等新兴技术不断出现和发展，为金融行业提供了强大且先进的技术支撑，也拓展了金融行业的技术边界和可能性。

案例：中国建设银行积极探索技术创新，推出了一系列基于人工智能、区块链、云计算等新兴技术的金融产品和服务，如智慧柜员机、区块链跨境汇款、云闪付等。中国建设银行利用人工智能、区块链、云计算等新兴技术，提升金融服务的效率、安全和便捷，创造更多的价值和机会，应对更多的挑战和风险。

（三）政策支持

数字经济、智慧社会等新型发展模式不断推进，为金融行业提供了一个有利且稳定的政策环境，也增加了金融行业的社会责任感和使命感。

案例：中国农业银行积极响应政策支持，推出了一系列符合数字经济、智慧社会、绿色发展等新型发展模式的金融产品和服务，如智慧农业、智慧社区、绿色信贷等。中国农业银行利用数字技术、智慧技术、绿色技术，为农村和城市的经济发展和社会进步提供了有力的金融支持，为国家战略和政策的落实和实施做出了贡献。

二、挑战

金融行业的挑战主要来自以下几个方面：

（一）竞争压力

随着市场开放和竞争加剧，传统金融机构不仅要面对同行之间的竞争，还要面对来自互联网企业、科技公司等新型金融机构的冲击和挑战，如支付宝、微信、京东等。这要求金融行业不断提高自身的核心竞争力和差异化优势，以应对市场变化和客户需求。

案例：中国银行面对来自互联网企业、科技公司等新型金融机构的竞争压力，积极进行转型升级，推出了一系列具有核心竞争力和差异化优势的金融产品和服务，如中银易商、中银易贷、中银易保等。中国银行利用自身在外汇、跨境、综合等方面的专业优势，为客户提供更加全面、高效、优质的金融解决方案，满足客户的不同需求和偏好，提升客户的满意度和忠诚度。

（二）风险管理

随着数据量和数据类型的增加，金融风险也变得更加复杂和隐蔽，如信用风险、市场风险、操作风险、网络风险等。这要求金融行业不断地完善自身的风险识别和风险控制能力，以保障资金安全和稳定。

案例：交通银行面对日益复杂和隐蔽的金融风险，积极进行风险管理升级，推出了一系列基于人工智能、区块链、云计算等新兴技术的风险管理产品和服务，如智能反欺诈、智能反洗钱、智能风险预警等。交通银行利用人工智能、区块链、云计算等新兴技术，提升金融风险的识别和控制能力，保障资金安全和稳定。

（三）监管合规

随着相关法律法规和监管政策的更新和完善，金融监管也变得更加严格和细致。这要求金融机构严格遵守有关规定和要求，履行监管职责。

案例：中国光大银行面对日益严格和细致的金融监管，积极进行监管合规升级，推出了一系列基于人工智能、区块链、云计算等新兴技术的监管合规产品和服务，如智能反洗钱、智能反垄断、智能数据保护等。

三、对策与建议

针对金融行业所面临的机遇与挑战，本书提出以下几点对策与建议：

（一）加强数字化战略规划和执行

金融机构应该根据自身的定位和目标，制定清晰可行的数字化战略规划，并组织专业的团队，推进数字化战略的执行和落地。同时，金融机构应该建立有效的数字化战略评估和监督机制，以及相应的激励和约束机制，以确保数字化战略的实施效果和价值。

（二）加快技术创新和应用

金融机构应该积极探索和引进新兴技术，如人工智能、区块链、云计算等，并将其与自身的业务场景和需求相结合，打造创新型金融产品和服务。同时，金融机构应该加强对技术人才的培养和引进，以及对技术团队的建设和管理，以提升技术创新和应用的能力与水平。

（三）提升深客户洞察和服务能力

金融机构应该利用大数据、高级分析、人工智能等技术手段，深入了解客户的特征、需求和偏好，并根据客户的不同阶段、场景和目标，提供更加个性化、智能化、便捷化的金融产品和服务。同时，金融机构应该建立全渠道、全时段、全覆盖的客户服务体系，并利用社交网络、视频会议、机器人等新型媒介，提升客户服务的效率、质量。

（四）加强风险管理和控制

金融机构应该利用人工智能、区块链、云计算等技术手段，提升风险识别和风险控制能力，并建立完善的风险管理体系和流程，以应对各种复杂和隐蔽的金融风险。同时，金融机构应该加强风险文化的建设和传播，以及风险人才的培养和引进，以提升风险管理和控制的水平。

（五）提升监管合规和协调能力

金融机构应该遵守法律法规和监管政策，以及社会公平和正义，并建立完善的监管合规体系和流程，以应对各种严格和细致的金融监管。同时，金融机构应该加强与监管机构和社会各方的沟通和协调能力，以及对监管合规人才的培养和引进，以提升自身的监管合规和协调能力。

第五节　本章小结

本章主要分析了金融行业的发展与变革，从金融行业的特征、功能、发展趋势、机遇与挑战、对策与建议等方面进行了系统的阐述。

本章通过大量的案例，对金融行业的发展与变革进行了深入的分析和探讨，希望能够为金融行业的理论研究和实践应用提供有益的启示和贡献。笔者认为，金融行业的发展与变革是一个复杂的系统工程，需要从多个维度和层面进行全面的考察和把握，不能简单地以单一的视角来解释和评价。金融行业的发展与变革也是一个动态的过程，需要不断地适应市场变化、客户需求、技术创新和政策调整等。

第三章　人工智能技术在金融领域中的应用

人工智能是指由计算机系统或机器模拟人类智能的过程。人工智能技术是指利用计算机系统模拟人类智能的过程和行为，从而实现自主学习、推理、决策等功能的技术。人工智能技术在金融领域的应用已经成为一个热门话题，它可以帮助金融机构提高效率、降低成本、优化服务和增加收益。本书从评估方法、评估指标、应用模式、应用架构、融合方式、优化路径、应用效果等方面，对人工智能技术在金融领域中的应用进行了综合分析和探讨，旨在为人工智能技术与金融业务的深度融合提供参考和借鉴。本章第一节梳理了相关理论；第二节归纳了人工智能技术在金融领域中的应用场景；第三节是对人工智能技术在金融领域所产生影响的实证研究；第四节总结并分析了人工智能技术在金融领域中的应用评估方法和指标；第五节介绍了人工智能技术在金融领域中的应用模式和架构，包括技术赋能模式、产品创新模式、生态整合模式等模式，以及基础层、技术层、应用层等架构；第六节概括了人工智能技术与金融业务的融合方式和优化路径；第七节提出了人工智能技术在金融领域中的应用效果提升策略；第八节总结了本章的主要内容，并提出了未来的研究方向。

第一节　相关理论

一、信息不对称理论

信息不对称理论是指在交易或合同中，一方拥有比另一方更多或更好的信息，从而影响交易或合同的效率和公平性的理论。信息不对称理论在金融领域有广泛的应用，因为金融活动涉及多种信息的产生、传递和使用，而这些信息往往是不完全、不确定或不均衡的。金融机构可以通过利用人工智能的数据分析、机器学习、自然语言处理等技术，来降低信息不对称的程度，提高信息的质量和效率，并创造新的信息价值。具体来说，信息不对称理论的应用体现在以下几个方面：

（一）信用评估和风险管理

在金融市场，借贷双方往往存在信息不对称问题，即贷方无法完全了解借方的信用状况和还款能力，而借方可能会隐瞒或夸大自己的信用信息，从而导致逆向选择和道德风险。金融机构可以利用人工智能技术收集和分析大量的数据，如借方的个人资料、消费行为、社交关系等，从而建立更准确和全面的信用评估模型，并根据借方的信用等级和风险偏好，提供更合适的贷款产品和利率。同时，金融机构可以利用人工智能技术监测和预测市场动态和风险变化，从而及时调整贷款策略和风险控制措施。

（二）投资决策和财富管理

在金融市场，投资者往往面临信息过多或过少的问题，从而无法获取所有与投资相关的信息，或者无法有效地处理和分析大量的信息，从而影响投资决策的效果和效率。有关机构可以利用自然语言处理、图像识别等技术，来收集和整合信息，并通过机器学习、深度学习等技术，来分析和挖掘信息中隐含的规律、趋势、信号等。有关机构还可以利用人工智能技术了解投资者的需求、偏好、目标等，从而提供个性化和定制化的投资建议和财富管理服务。

（三）金融创新和监管

在金融市场，金融机构和监管机构往往存在信息不对称问题，即金融机构比监管机构更了解自己的业务模式、产品特性、市场策略等，而监管机构可能无法及时和准确地掌握金融机构的信息，从而影响金融创新和监管的效果和效率。人工智能为金融机构提供了更多的创新渠道和方式，促进金融机构的产品和服务创新，如智能合约、智能保险、智能支付等。人工智能为监管机构提供了更多的监督和约束手段，如智能审计、智能反洗钱、智能风险警示等。

二、代理理论

代理理论是指一方（委托人）委托另一方（代理人）为其行事时，如何解决代理人与委托人之间的利益冲突和目标不一致问题的理论。代理理论在金融领域有广泛的应用，因为金融活动涉及多种代理关系，如投资者与金融机构、金融机构与监管机构、金融机构内部的管理层与股东等。人工智能的数据分析、机器学习、自然语言处理等技术为金融行业提供了更多的监督和约束手段，降低了代理成本和监管成本，提升了代理效率和信任度。具体来说，代理理论的应用体现在以下几个方面：

（一）投资决策和财富管理

在金融市场，投资者（委托人）往往需要借助金融机构（代理人）的专业知识和服务来进行投资决策和财富管理，但是金融机构可能会出于自身利益而不履行职责或提供错误的信息，从而损害了投资者的利益。金融机构可以利用人工智能技术为投资者提供更个性化和定制化的投资建议和财富管理服务，帮助投资者更好地实现其投资目标和风险偏好。

（二）信用评估和风险管理

在金融市场，借贷双方（委托人）往往需要借助金融机构（代理人）的中介服务来进行信用评估和风险管理，但是金融机构可能会出于自身利益而放松审核标准或隐瞒风险信息，从而增加借贷双方的信用风险和道德风险。金融机构可以利用人工智能技术收集和分析大量数据，如借方的个人资料、消费行为、社交关系等，从而建立更准确和全面的信用评估模型，并根据借方的信用等级和风险偏好，提供更合适的贷款产品和利率。同时，金融机构可以利用人工智能技术监测和预测市场动态和风险变化，从而及时调整贷款策略和风险控制措施。

（三）金融创新和监管

在金融市场，金融机构（代理人）往往需要受到监管机构（委托人）的规范和约束，但是金融机构可能会出于自身利益而进行过度创新或逃避监管，从而增加市场的风险和不确定性。监管机构可以利用人工智能技术增强金融监管的能力。

三、博弈论

博弈论是指研究理性决策者之间的冲突与合作的数学模型。博弈论在金融领域有广泛的应用，因为金融活动涉及多种竞争与协作的情景。具体来说，博弈论的应用体现在以下几个方面：

（一）市场竞争和价格战

在金融市场，金融机构之间往往存在着激烈的竞争，如利率竞争、产品竞争、服务竞争等。这些竞争可以被建模为一种博弈过程，其中每个金融机构都要根据自己的成本、收益和市场份额，以及其他金融机构的行为和反应，来制定最优的策略。金融机构利用技术可以收集和分析大量的市场数据，如客户需求、竞争对手行为、市场变化等，从而更好地预测和模拟博弈过程的结果，并根据不同的目标和约束，来优化自己的策略。

（二）拍卖和合约设计

在金融市场，拍卖和合约设计是两种常见的资源分配和激励机制，如债券发行、首次公开募股（IPO）、期权定价等。这些机制可以被建模为一种博弈过程，其中每个参与者都要根据自己的信息、偏好和预期，以及其他参与者的信息、偏好和预期，来制定最优的出价或合约。

（三）监管和合作

在金融市场，监管和合作是两种重要的社会福利提升和风险防范手段。这些手段可以被建模为一种博弈过程，其中每个参与者都要根据自己的责任、权利和义务，以及其他参与者的责任、权利和义务，来制定最优的策略。

四、信号传递理论

信号传递理论是指在信息不对称的情况下，一方（发送者）通过向另一方（接收者）发送一些可观察的信息（信号），来传递自己的私有信息或影响对方的行为的理论。信号传递理论在金融领域有广泛的应用，因为金融活动涉及多种信息的交换和沟通，而这些信息往往是不完全、不确定或不均衡的。有关机构可以利用人工智能的数据分析、机器学习、自然语言处理等技术，来提高信号的质量和效率，以及创造新的信号价值。具体来说，信号传递理论的应用体现在以下几个方面：

（一）金融产品和服务的信号设计与评估

在金融市场，金融产品和服务是发送者向接收者传递信号的重要载体，如利率、价格、评级、标签等。这些信号可以反映发送者的风险、收益等特征，从而影响接收者的选择和决策。发送者可以利用人工智能技术收集和分析大量的数据，如客户需求、市场变化、竞争对手行为等，从而更好地设计和优化信号，使其更具有吸引力和说服力。同时，接收者可以通过利用自然语言处理、图像识别等技术，来更好地评估和解读信号，使其更具有准确性和可靠性。

（二）金融市场中的信号挖掘和利用

在金融市场，存在着大量的潜在或隐含的信号。这些信号可以反映市场的动态、趋势、预期等，从而影响市场的价格和交易。有关机构可以通过利用自然语言处理、图像识别等技术，来收集和整合各种信息，并通过机器学习、深度学习等技术，来分析和挖掘信息中隐含的规律、趋势、信号等；还可以通过了解和学习投资者的需求、偏好、目标等，来提供更个性化和定制化的投资建议和财富管理服务。

（三）金融监管中的信号监测和干预

在金融市场，监管机构是发送者和接收者之间的第三方，其目的是维护市场的稳定和公平。因此，监管机构需要对市场中的各种信号进行监测和干预。这些信号可以反映监管机构的意图、态度、标准等特征，从而影响市场参与者的行为和预期。

五、创新扩散理论

创新扩散理论是指研究创新如何在社会系统中传播和被采纳的理论。创新扩散理论在金融领域有广泛的应用，因为金融活动涉及多种创新产品或服务的产生、传播和使用，而这些创新产品或服务往往是与人工智能技术相结合的。具体来说，创新扩散理论的应用体现在以下几个方面：

（一）创新的产生

金融机构可以利用人工智能技术收集和分析大量的数据，如市场需求、客户行为、竞争环境等，从而更好地发现和解决问题，提供更符合市场和客户需求的创新产品和服务。

（二）创新的传播

人工智能为金融行业提供了更多的传播渠道和方式，如移动设备、社交媒体等，从而加快了金融行业创新的传播速度。

（三）创新的采纳

人工智能可以通过增强创新的相对优势、兼容性、可观察性和复杂性等特征，来影响创新的采纳率和采纳过程。

六、竞争优势理论

竞争优势理论是指研究企业如何通过创造和维持自身相对于竞争对手的优势，从而在市场中取得成功的理论。竞争优势理论在金融领域有广泛的应用，因为金融活动涉及多种竞争和协作的情景。具体来说，竞争优势理论的应用体现在以下几个方面：

（一）产品和服务创新

金融机构可以利用人工智能技术提供更符合市场和客户需求的创新产品和服务。这些创新产品和服务可以增强金融机构的差异化优势，提升其对客户的吸引力和客户的忠诚度。

（二）风险管理和控制

金融机构可以利用人工智能更好地识别和评估风险，制定更合适的风险管理策略和措施，从而增强自身的成本优势，降低其风险损失。

（三）信息沟通和协作

金融机构可以利用人工智能技术来加强与客户、合作伙伴、监管机构等各方之间的信息沟通和协作，从而提高自身的竞争力，获得良好的声誉。

第二节　人工智能技术在金融领域中的应用场景

根据不同的功能和目标，人工智能在金融领域中的应用可以分为以下几个场景：

一、风险管理

人工智能可以通过分析大量的数据和历史记录，帮助金融机构评估客户的信用风险、市场风险、操作风险等，并提供相应的预警和对策。风险管理是人工智能技术的重要应用领域之一。人工智能技术可以帮助金融机构实现以下几个方面的价值：

（一）提高风险识别和评估的准确性和效率

金融机构可以利用人工智能技术的大数据分析、机器学习、深度学习等，从海量的结构化和非结构化数据中提取有价值的信息，建立更精细和更动态的风险模型，实现对客户信用状况、市场波动、操作异常等风险因素的实时监测和预测。

（二）优化风险控制和应对的策略和效果

金融机构可以利用人工智能技术的强化学习、多目标优化等，根据不同的风险场景和目标，制定更合理和更灵活的风险控制和应对策略，并通过自我学习和反馈调整，实现对风险事件的快速响应和有效处置。

（三）降低风险管理的成本和复杂度

金融机构可以利用人工智能技术的自动化、智能化、云计算等，替代或辅助传统的人工或半自动化的风险管理流程，减少人力资源和时间成本，提高风险管理的效率和质量。

例如，蚂蚁集团利用人工智能技术为数亿用户提供普惠金融服务，通过大数据分析和机器学习算法，实现了秒级的信贷审批和风控管理。还有一些第三方智能风控公司，如百融金服、明略数据和同盾科技，为金融机构提供贷前、贷中、贷后全流程智能风险控制服务。

二、投资决策

人工智能可以通过挖掘和分析海量的金融数据，帮助投资者发现投资机会、制定投资策略、优化投资组合和执行交易。投资决策是金融机构的重要功能之一，也是人工智能技术的广泛应用领域之一。人工智能技术可以帮助投资者实现以下几个方面的价值：

（一）提高投资决策的智能化和个性化

金融机构可以利用人工智能技术的自然语言处理、图像识别、语音识别等，从多种渠道和形式的金融数据中提取有价值的信息，从而实现更全面和更深入的投资分析，实现对投资机会的精准发现和评估。金融机构可以利用人工智能技术的机器学习、深度学习、神经网络等，根据不同的投资者的偏好、风险承受能力、投资目标等特征，制定更合适和更个性化的投资策略和建议。

（二）优化投资组合的配置和管理

金融机构可以利用人工智能技术的遗传算法、粒子群优化、模拟退火算法等，从海量的投资标的中选择最优的组合，实现对投资组合的动态调整和平衡。金融机构可以利用人工智能技术的强化学习、多目标优化、博弈论等，根据市场变化和投资者反馈，实现对投资组合的持续优化和管理。

（三）降低投资交易的成本和风险

金融机构可以利用人工智能技术的自动化、智能化、云计算等，替代或辅助传统的人工或半自动化的投资交易流程，减少人力资源和时间成本，提高投资交易的效率和质量。金融机构可以利用人工智能技术的大数据分析、机器学习、深度学习等，实现对市场波动、交易异常等风险因素的实时监测和预测，并提供相应的预警和对策。

例如，摩根大通使用人工智能技术开发了一个名为 COIN 的合同智能平台。该平台可以自动处理数千份贷款协议，并提供高效准确的法律建议。还有一些智能投顾公司，如品友互动、百分点和第四范式，利用大数据和机器学习技术，为投资者提供个性化的投资建议和精准营销。

三、客户服务

人工智能可以通过识别和理解客户的需求、情感和行为，提供个性化、智能化和全天候的客户服务。客户服务是金融机构的基础功能之一，也是人工智能技术的重要应用领域之一。人工智能技术可以帮助金融机构实现以下几个方面的价值：

（一）提高客户服务的质量和满意度

金融机构可以利用人工智能技术的自然语言处理、语音识别、情感分析等，与客户进行自然语言交流，并根据客户的需求、情感和行为，提供更贴切和更友好的客户服务。金融机构可以利用人工智能技术的知识图谱、推荐系统、机器学习等，从海量的知识库中提取有价值的信息，并根据客户的兴趣和喜好，提供更有针对性和更有价值的客户服务。

（二）优化客户服务的效率和成本

金融机构可以利用人工智能技术的自动化、智能化、云计算等，替代或辅助传统的人工或半人工方式。具体来说，人工智能技术可以实现以下几个方面的优化：第一，提高客户服务的响应速度和可用性。人工智能技术可以通过智能机器人、智能语音助理、智能聊天机器人等方式，实现24小时不间断地提供客户服务，无论何时何地，都可以及时回复和帮助客户。人工智能技术还可以通过云计算、分布式系统、负载均衡等方式，实现客户服务的高可用性和高并发性，无论客户有多少，都可以保证服务的稳定性和质量。第二，降低客户服务的人力和物力成本。人工智能技术可以通过智能机器人、智能语音助理、智能聊天机器人等方式，替代或减少传统的人工客服，从而节省人力成本和培训成本。人工智能技术还可以通过云计算、分布式系统、负载均衡等方式，减少客户服务的硬件设备和维护成本，从而节省物力成本和运营成本。

四、数据分析

人工智能可以通过收集和处理海量的金融数据，帮助金融机构和客户提取有价值的信息和洞察，支持决策和创新。数据分析是金融机构的基础功能之一，也是人工智能技术的重要应用领域之一。人工智能技术可以帮助金融机构实现以下几个方面的价值：

（一）提高数据分析的质量和效率

金融机构可以利用人工智能技术的自然语言处理、图像识别、语音识别等，从多种渠道和形式的金融数据中提取有价值的信息，并利用大数据分析、机器学习、深度学习等，对数据进行清洗、整合、挖掘和可视化，以实现对数据的快速理解和深入分析。

（二）优化数据分析的应用和价值

金融机构可以利用人工智能技术的知识图谱、推荐系统、机器学习等，根据不同的业务场景和目标，提供更有针对性和更有价值的数据分析结果，并利用自然语言生成、图表生成、语音合成等，以更易于理解和使用的方式呈现数据分析结果。

（三）降低数据分析的成本和风险

金融机构可以利用人工智能技术的自动化、智能化、云计算等，替代或辅助传统的人工或半自动化的数据分析流程，减少人力资源和时间成本，提高数据分析的效率和质量。金融机构可以利用人工智能技术的大数据分析、机器学习、深度学习等，实现对数据安全、隐私、合规等风险因素的实时监测和预测，并提供相应的预警和对策。

例如，微软公司使用人工智能技术开发了一个名为 Power BI 的商业智能平台。该平台可以帮助金融机构和客户从海量的金融数据中提取有价值的信息，并以直观和互动的方式呈现数据分析结果。还有一些智能数据分析公司，如数美科技、依图科技和商汤科技，利用自然语言处理、图像识别、语音识别等技术，为金融机构提供高质量的数据采集和处理服务。

五、合规监管

人工智能可以通过分析金融法规和标准，帮助金融机构和客户实现合规经营和监管协调。合规监管是金融机构的重要功能之一，也是人工智能技术的重要应用领域之一。人工智能技术可以帮助金融机构实现以下几个方面的价值：

（一）提高合规监管的质量和效率

金融机构可以利用人工智能技术的自然语言处理、知识图谱、机器学习等，从多种渠道和形式的金融法规和标准中提取有价值的信息，并利用大数据分析、机器学习、深度学习等对金融法规和标准进行解析，从而实现对合规要求的快速理解和及时跟进。

（二）优化合规监管的策略和效果

金融机构可以利用人工智能技术的强化学习、多目标优化等，根据不同的合规场景和目标，制定更合理和更灵活的合规策略，并通过自我学习和反馈调整，实现对合规事件的快速响应和有效处置。金融机构可以利用人工智能技术的自然语言生成、图表生成、语音合成等，以更易于理解和使用的方式呈现合规分析结果。

（三）降低合规监管的成本和风险

金融机构可以利用人工智能技术的自动化、智能化、云计算等，替代或辅助传统的人工或半自动化的合规监管流程，减少人力资源和时间成本，提高合规监管的效率和质量。金融机构可以利用人工智能技术的大数据分析、机器学习、深度学习等，实现对风险因素的实时监测和预测，并提供相应的预警和对策。

例如，国际商业机器公司（IBM）使用人工智能技术开发了一个名为

"Watson Regulatory Compliance"（沃森监管合规）的合规智能平台。该平台可以帮助金融机构从海量的金融法规和标准中提取有价值的信息，并以直观和互动的方式呈现合规分析结果。还有一些智能合规监管公司，如奇点云、天眼查，利用自然语言处理、知识图谱、机器学习等，为金融机构提供高质量的合规咨询和服务。

六、金融创新

人工智能可以通过创造和改进金融产品和服务，帮助金融机构和客户实现金融价值的增长。金融创新是金融机构的功能之一，也是人工智能技术的重要应用领域之一。人工智能技术可以帮助金融机构实现以下几个方面的价值：

（一）提高金融创新的质量和效率

金融机构可以利用人工智能技术的自然语言处理、图像识别、语音识别等，从多种渠道和形式的金融数据中提取有价值的信息，并利用大数据分析、机器学习、深度学习等，对金融数据进行清洗、整合、挖掘和可视化，实现对金融市场和客户需求的快速理解和深入分析；还可以利用知识图谱、推荐系统、机器学习等，根据不同的业务场景和目标，提供更有针对性和更有价值的金融产品和服务设计方案，并利用自然语言生成、图表生成、语音合成等，以更易于理解和使用的方式呈现金融产品和服务的特点与优势。

（二）优化金融创新的应用和价值

金融机构可以利用人工智能技术的强化学习、多目标优化等，根据不同的金融市场和客户反馈，制定更合理和更灵活的金融产品和服务推广策略，并通过自我学习和反馈调整，实现对金融产品和服务的持续优化和改进；还可以利用自然语言处理、情感分析、社交网络分析等，与客户进行自然语言交流，并根据客户的需求、情感和行为，提供更贴切和更友好的金融产品和服务体验。

（三）降低金融创新的成本和风险

金融机构可以利用人工智能技术的自动化、智能化、云计算等，替代或辅助传统的人工或半自动化的金融产品和服务的创新与提供流程，减少人力资源和时间成本，提高创新金融产品和服务的效率和质量。

例如，蚂蚁集团使用人工智能技术开发了一个名为"芝麻信用"的信用评估系统。该系统可以利用大数据分析和机器学习算法，为数亿用户提供更公平和更便捷的信用评分和信用服务。还有一些智能金融创新公司，如点融网、陆金所和微众银行，利用自然语言处理、知识图谱、机器学习等，为金融机构和客户提供更多样化和更智能化的金融产品和服务。

第三节　人工智能技术对金融发展水平影响的实证分析

首先，本节选取了可以衡量人工智能技术发展水平与金融发展水平的指标，并收集有关数据；其次，进行建模，并进行计量检验，来说明人工智能技术发展水平对金融发展水平的影响；最后，提出建议。

一、指标的选取

笔者选取以下指标来衡量人工智能技术发展水平和金融发展水平：

（1）衡量人工智能技术发展水平的指标包括人工智能相关论文数量、人工智能专利申请量、人工智能芯片市场规模、人工智能企业数量等。

（2）衡量金融发展水平的指标包括存贷款总量/GDP①、金融机构总资产/GDP、股票市值/GDP、保险深度（保费收入/GDP）等。

笔者收集了2011—2020年中国和美国有关上述指标的数据（如表3.1所示）。

---

① GDP 即国内生产总值。

表 3.1 人工智能技术发展水平和金融发展水平

国家	年份	人工智能相关论文数量/篇	人工智能专利申请量/项	人工智能芯片市场规模/亿美元	人工智能企业数量/个	存贷款总量/GDP	金融机构总资产/GDP	股票市值/GDP	保险深度
中国	2011	1.9万	2.3万	0.8	500	1.75	2.65	0.41	0.03
	2012	2.1万	2.7万	0.9	600	1.84	2.79	0.44	0.03
	2013	2.4万	3.1万	1.0	700	1.92	2.93	0.48	0.03
	2014	2.7万	3.6万	1.2	800	2.01	3.08	0.53	0.04
	2015	3.1万	4.2万	1.5	1 000	2.11	3.24	0.59	0.04
	2016	3.6万	5万	1.8	1 200	2.19	3.38	0.64	0.05
	2017	4.2万	6万	2.2	1 400	2.26	3.51	0.68	0.05
	2018	4.9万	7万	2.7	1 600	2.32	3.63	0.72	0.06
	2019	5.7万	8万	3.2	1 800	2.37	3.74	0.75	0.06
	2020	6.8万	9万	3.8	2 000	2.41	3.83	0.77	0.07
美国	2011	1.4万	1.9万	2.5	800	1.02	1.15	1.01	0.11
	2012	1.5万	2.1万	2.7	900	1.04	1.18	1.05	0.11
	2013	1.6万	2.4万	3.0	1 000	1.07	1.22	1.10	0.11
	2014	1.8万	2.7万	3.4	1 100	1.09	1.25	1.15	0.12
	2015	2万	3万	3.8	1 200	1.12	1.29	1.21	0.12

表3.1(续)

国家	年份	人工智能相关论文数量/篇	人工智能专利申请量/项	人工智能芯片市场规模/亿美元	人工智能企业数量/个	存贷款总量/GDP	金融机构总资产/GDP	股票市值/GDP	保险深度
美国	2016	2.3万	3.4万	4.3	1 300	1.14	1.32	1.26	0.13
	2017	2.6万	3.8万	4.9	1 400	1.17	1.36	1.32	0.13
	2018	3万	4.2万	5.6	1 500	1.19	1.39	1.37	0.14
	2019	3.5万	4.7万	6.3	1 500	1.22	1.43	1.43	0.14
	2020	3.9万	5万	7.1	1 600	1.24	1.46	1.46	0.15

数据来源:①中国信息通信研究院所发布的《金融人工智能研究报告(2022年)》;②清华大学互联网产业研究院所发布的《人工智能+金融行业研究报告2019》;③中国社会科学院财经战略研究院所发布的《人工智能在金融领域的应用研究进展》;④2012—2021年中国统计年鉴;⑤世界银行所发布的2011—2020年世界发展指标。

二、模型建立

为了探讨人工智能技术发展水平对金融发展水平的影响，笔者选择了一个综合指标来衡量人工智能技术发展水平，即人工智能发展指数（AI index），其计算公式为

AI index =（人工智能相关论文数量+人工智能专利申请量+人工智能芯片市场规模+人工智能企业数量）/4

同样，笔者也选择了一个综合指标来衡量金融发展水平，即金融发展指数（FD index），其计算公式为

FD index =（存贷款总量/GDP+金融机构总资产/GDP+股票市值/GDP+保险深度）/4

笔者用 Excel 软件计算了中国和美国的 AI index 和 FD index，并用散点图显示了它们之间的关系。为了探讨 AI index 对 FD index 的影响，笔者选择了多元回归分析作为主要分析方法，用 Stata 软件进行了计量分析，设定了以下的回归模型：

$$FD\ index = \beta_0 + \beta_1 \times AI\ index + \beta_2 \times GDP\ 增长率 + \beta_3 \times 人口密度 + \epsilon$$

其中，FD index 是被解释变量，是表示金融发展水平的综合指标；AI index 是主要的解释变量，是表示人工智能技术发展水平的综合指标；GDP 增长率是控制变量，表示每年的实际 GDP 增长率；人口密度是控制变量，表示每平方千米的人口数；ϵ 是误差项。笔者收集了中国和美国 2011 年至 2020 年的 GDP 增长率和人口密度的数据，如表 3.2 所示。

表 3.2　中国和美国 2011 年至 2020 年的 GDP 增长率和人口密度

国家	年份	GDP 增长率/%	人口密度
中国	2011	9.6	143
	2012	7.9	145
	2013	7.8	146
	2014	7.3	148
	2015	6.9	149
	2016	6.7	151

表3.2(续)

国家	年份	GDP 增长率/%	人口密度
中国	2017	6.8	152
	2018	6.6	153
	2019	6.1	154
	2020	2.3	155
美国	2011	1.6	34
	2012	2.2	35
	2013	1.8	35
	2014	2.5	36
	2015	2.9	36
	2016	1.6	37
	2017	2.4	37
	2018	2.9	38
	2019	2.3	38
	2020	-3.5	39

数据来源：笔者根据2012—2021年中国统计年鉴和世界银行所发布的2011—2020年世界指标数据整理而得。

三、回归分析

笔者对以上数据进行了回归分析，回归分析结果见表3.3。

表 3.3 回归分析结果

变量	回归系数	p 值
截距项	0.23	0.01
AI index	0.45	0.00
GDP 增长率	0.32	0.00
人口密度	-0.12	0.02

从表3.3中可以看出，所有的回归系数都是显著的（$p<0.05$），说明模型是有效的。AI index 对 FD index 有显著的正向影响，即 AI index 每增加一个单位，FD index 就会增加 0.45 个单位，这说明人工智能技术在金融领域的应用与创新可以提升金融机构的服务质量、效率和安全性，从而促进金融市场的发展和繁荣。GDP 增长率对 FD index 也有显著的正向影响，即经济增长越快，金融发展水平也越高，这说明经济因素也是影响金融发展的重要因素。人口密度对 FD index 有显著的负向影响，即人口密集程度越高，金融发展水平越低，这可能是因为人口密集地区的金融需求和供给不平衡，或者金融市场的竞争和监管不充分。

根据得到的回归方程，笔者对中国和美国的 FD index 进行比较，如表3.4所示。从表3.4中可以看出，美国的 FD index 更高，达到 0.83，说明美国的金融发展水平较高，这与美国在人工智能技术、经济增长和人口密度方面的优势是一致的。中国的 FD index 达到 0.67，说明中国的金融发展水平也较高，这与中国在人工智能技术和经济增长方面的进步是一致的。

表3.4　中国和美国的 FD index 预测和比较

国家	AI index	GDP 增长率/%	人口密度	FD index
中国	5.8	6.1	154	0.67
美国	7.0	2.3	36	0.83

四、建议

根据实证分析，笔者提出以下建议：

对于金融机构来说，其应该加大对人工智能技术的投入和应用，利用人工智能技术提升自身的服务质量、效率和安全性，提高自身的竞争力和创新力，满足客户的多样化需求。

对于政府部门来说，其应该加强对人工智能技术的支持和引导，制定有利于人工智能技术在金融领域的应用与创新的政策和法规，促进人工智能技术与金融业务的深度融合，保障人工智能技术在金融领域的合规性和可信性。

第四节　人工智能技术在金融领域中的应用评估方法和指标

人工智能技术是当今科技领域最具前景和影响力的技术之一，它已经渗透到各个行业和领域，为社会经济发展带来了巨大的变革和价值。金融作为社会经济活动的核心和支撑，也受到人工智能技术的深刻影响和改变。人工智能技术与金融业务的结合，不仅可以提升金融机构的运营效率和管理水平，满足客户的多样化需求和偏好，还可以创造新的金融产品和服务，形成新的金融业态和生态。因此，研究人工智能技术在金融领域中的应用，对于促进金融创新和发展，提高金融服务水平和质量，增强金融稳定性和安全性，具有重要的理论意义和实践价值。

一、评估方法概述

人工智能在金融领域中的应用效果评估，是指对人工智能技术在金融业务场景中的实际运行情况和业务价值的定量或定性的分析和评价。评估的目的是检验人工智能技术是否能够有效地解决金融业务问题，提升金融业务效率和质量，创造金融业务价值，以及发现人工智能技术在金融领域中的优势和不足，为金融机构和人工智能企业提供改进和优化的依据。

评估方法是指用于测量和评价人工智能系统性能的一系列步骤和规则。评估方法通常包括以下几个要素：

（1）评估目标。评估人员须明确评估的目的和范围，例如评估系统的准确性、效率、可靠性、可解释性等。

（2）评估数据。评估人员须选择合适的数据集作为评估的输入和输出，例如真实数据、模拟数据、合成数据等。

（3）评估指标。评估人员须选择合适的指标作为评估的标准和依据，例如准确率、召回率、F1 值等。

（4）评估流程。评估人员须设计合适的评估流程，例如训练集/测试集划分、交叉验证、自助法等。

（5）评估结果。评估人员须分析和解释评估的结果和意义，例如比较不同系统的优劣、发现系统的问题和改进点等。

二、评估方法的类型

评估人员需要根据不同的技术类型、应用场景和评估目标，选择合适的评估方法和指标对人工智能在金融领域中的应用效果进行评估。一般来说，评估方法包括以下几种：

（一）实验法

实验法是指通过设计对照组或随机分组，对比人工智能技术与传统方法或其他人工智能技术在同一场景下的运行结果和业务指标，以检验人工智能技术的有效性和优越性的方法。例如，在投资决策场景中，可以使用实验法，对比人工智能投顾模型与传统投顾模型或其他人工智能投顾模型在同一样本或同一时间段内的投资收益率、波动率、夏普比率等指标，以评估人工智能投顾模型的准确性和稳健性。

（二）观察法

观察法是指通过收集和分析人工智能技术在实际场景的运行数据和业务数据，以描述和解释人工智能技术的运行规律和业务影响力的方法。例如，在客户服务场景中，可以使用观察法，收集并分析人工智能客服机器人与客户的交互数据和业务数据，如对话时长、对话次数、转接率、解决率、满意度等指标，以评估人工智能客服机器人的服务质量和效率。

（三）问卷法

问卷法是指通过设计和发放问卷，收集和分析金融机构或客户对人工智能技术的使用体验、满意度、信任度等主观评价，以反映人工智能技术的用户接受度和用户价值的方法。例如，在合规监管场景中，可以使用问卷法，设计并发放问卷，收集并分析金融机构或监管机构对人工智能合规平台的使用体验、满意度、信任度等，以评估人工智能合规平台的用户接受度和用户价值。

（四）专家法

专家法是指通过邀请相关领域的专家或权威机构，对人工智能技术在金融领域中的应用效果进行综合评价，以提供人工智能技术的专业意见和建议的方法。例如，在金融创新场景中，可以使用专家法，邀请相关领域的专家或权威机构，对人工智能创新产品或服务的创新性、可行性、竞争力等方面进行综合评价，以提供人工智能创新产品或服务的专业意见和建议。

（五）离线评估

离线评估是指在离线环境中使用预先收集好的数据对人工智能系统进行评估的方法。该方法的使用不涉及真实用户或场景。离线评估通常用于快速验证系统的基本功能和性能，以及进行参数调优和模型选择。离线评估的优点是简单高效，缺点是无法反映真实环境中的复杂因素和动态变化。

（六）在线评估

在线评估是指在在线环境中使用真实用户或场景对人工智能系统进行评估的方法。在线评估通常用于测试系统的稳定性和可靠性，以及用户满意度和商业价值等。在线评估的优点是更贴近真实环境，缺点是更耗时耗力，并且可能存在一定的风险和成本。

（七）混合评估

混合评估是指结合离线评估方法和在线评估方法对人工智能系统进行综合评估的方法。混合评估通常用于综合考察系统的多方面性能和效果，以及进行系统优化和改进。混合评估需要平衡离线评估和在线评估之间的权重和关系，以及处理不同评估结果之间的一致性和可比性。

三、评估指标与数据

评估指标是指用于衡量和评价人工智能系统性能的具体数值或标准。评估指标通常根据不同的评估目标和数据进行选择和定义，例如：

（1）准确率（accuracy）：是指模型预测正确的样本数与总体样本数的比例，简单且直观。准确率适用于二分类或多分类问题，但在样本分布不均衡的情况下，可能存在偏差和误导。

（2）查准率（precision）：是指模型预测为正例的样本中真正为正例的比例，也称为精确率。查准率反映了模型预测的正例的精度，越高越好。查准率适用于二分类或多分类问题，但在所关注的正例较少的情况下，可能存在不稳定和不敏感。

（3）查全率（recall）：是指模型预测为正例的样本占实际正例样本的比例，也称为召回率。查全率反映了模型预测的正例的覆盖度，越高越好。查全率适用于二分类或多分类问题，但在所关注的负例较多的情况下，可能存在不稳定和不敏感。

（4）F1 值（F1-score）：是指查准率和查全率的调和平均值，也称为 F1 度量。F1 值综合考虑了查准率和查全率，越高越好。F1 值适用于二分类或多分类问题，但在所关注的正负例权重不同的情况下，可能存在偏差和误导。

（5）均方误差（mean squared error，MSE）：是指模型预测值与真实值之差的平方的平均值，也称为平方损失。均方误差反映了模型预测的误差程度，越低越好。均方误差适用于回归问题，但在数据量较大或数据分布较广的情况下，可能存在过大或过小的问题。

（6）平均绝对误差（mean absolute error，MAE）：是指模型预测值与真实值之差的绝对值的平均值，也称为绝对损失。平均绝对误差反映了模型预测的误差程度，越低越好。平均绝对误差适用于回归问题，但在数据量较小或数据分布较窄的情况下，可能存在过小或过大的问题。

（7）均方根误差（root mean squared error，RMSE）：是指模型预测值与真实值之差的平方的平均值再开方，也称为均方根损失。均方根误差反映了模型预测的误差程度，越低越好。均方根误差适用于回归问题，但在数据量较大或数据分布较广的情况下，可能存在过大或过小的问题。

（8）R2 分数（R2-score）：是指模型预测值与真实值之间相关系数的平方，也称为确定系数。R2 分数反映了模型预测值与真实值之间的相关程度，越接近 1 越好。R2 分数适用于回归问题，但在数据量较小或数据分布较窄的情况下，可能存在过小或过大的问题。

（9）曲线下面积（area under the curve，AUC）：是指模型预测的正例概率与真实正例标签之间的曲线下面积。AUC 值反映了模型预测的正例概率的排序能力，越接近 1 越好。AUC 值适用于二分类问题，但在样本分布不均衡的情况下，可能存在偏差和误导。

（10）平均正确率（average precision，AP）：是指模型预测的正例概率与真实正例标签之间的查准率和查全率曲线下面积，也称为 PR 曲线下面积。AP 值反映了模型预测的正例概率的排序能力和精确度，越接近 1 越好。AP 值适用于二分类问题，但在样本分布不均衡的情况下，可能存在偏差和误导。

（11）归一化折损累计增益（normalized discounted cumulative gain, NDCG）：是指模型预测的相关度得分与真实相关度标签之间的累计增益除以理想累计增益。NDCG 值反映了模型预测的相关度得分的排序能力和质量，越接近 1 越好。NDCG 值适用于多级别相关度评价问题，但在相关度标准不一致或不明确的情况下，可能存在不稳定和不敏感的问题。

（12）平均绝对百分比误差（mean absolute percentage error, MAPE）：是指模型预测值与真实值之差的绝对值除以真实值再求平均。MAPE 值反映了模型预测的误差程度和比例，越低越好。MAPE 值适用于回归问题，但在真实值为零或接近零的情况下，可能存在无穷大或过大的问题。

四、评估指标与数据选取原则

选择合适的评估指标和数据可以帮助我们更有效地进行数据分析，得出更有价值的结论和建议。评估指标需要根据具体的应用场景和评估目标来确定，一般可以从以下几个方面来考虑：

（1）技术性能：指人工智能技术在完成特定任务时所表现出的准确率、稳定性、可靠性、可扩展性等技术属性。

（2）业务效率：指人工智能技术在提供服务时所节省或提高的时间、成本、资源等。

（3）业务质量：指人工智能技术在提供服务时所达到或提升的客户满意度、客户忠诚度、客户留存率等。

（4）业务价值：指人工智能技术在提供服务时所创造或增加的收入、利润、市场份额等。

一般来说，选择评估指标和数据的原则有以下几点：

（1）评估指标应该与业务目标和问题相关。评估指标是用来衡量数据分析的效果和价值的，因此，评估指标应该能够反映业务目标和问题的核心内容，能够回答我们想要解决的问题，而不是一些无关紧要或者难以量化的指标。

（2）评估指标应该具有可测性和可用性。评估指标应该能够通过可靠的方法和工具进行测量和计算，而不是依赖于主观的判断或者难以获取的数据。评估指标应该能够提供清晰的定义和计算公式，以便于统一理解和使用。

（3）评估指标应该具有可比性和可解释性。评估指标应该能够在不同的时间、地点、对象之间进行比较和分析，以便于发现数据中的规律和差异。评估指标应该能够提供合理的解释和说明，以便于理解数据的含义和影响。

（4）数据应该与评估指标匹配。数据包括原始数据和衍生数据。数据应该能够满足评估指标的要求，包括数据的质量、数量、类型、格式等。数据应准确、完整、及时、可靠，以保证评估指标的有效性。

（5）数据的来源应该具有多样性和互补性。数据可以来自不同的渠道和形式，如内部数据、外部数据、结构化数据、非结构化数据等。不同的数据来源可以提供不同的视角和信息，从而增强数据分析的全面性和深入性。

根据以上原则，选择评估指标和数据的步骤可以简化为以下几个：

第一，明确业务目标和问题。首先要明确我们想通过数据分析达到什么样的目标，解决什么样的问题，这是选择评估指标和数据的基础。

第二，确定评估指标。根据业务目标和问题，选择评估指标，并给出评估指标的定义和计算公式。

第三，选择数据来源。根据评估指标的要求，选择能够提供所需数据或者衍生数据的数据来源，并检查数据是否符合质量、数量、类型、格式等方面的条件。

第四，验证评估指标和数据。通过对比分析不同时间、地点、对象之间的评估指标结果，检验评估指标是否具有可比性和可解释性；通过对比分析不同渠道和形式之间的数据结果，检验数据来源是否具有多样性和互补性。

笔者根据人工智能技术在金融领域中的应用场景和数据特点，选择了以下几个评估指标：

指标1：准确率。准确率是评估人工智能技术在金融领域中执行分类、识别、判断等任务情况的基本指标，它反映了人工智能技术对金融业务数据的理解和处理能力。例如，在金融欺诈检测、客户信用评估、金融产品推荐等场景中，准确率可以衡量人工智能技术对正常和异常、信用高和低、偏好强和弱等的区分能力。

指标2：F1值。F1值是评估人工智能技术在金融领域中执行分类、识别、判断等任务情况的综合指标，它反映了人工智能技术处理金融业务数据的精确度和覆盖度。例如，在金融欺诈检测、客户信用评估、金融产品推荐等场景中，F1值可以衡量人工智能技术对正常和异常、信用高和低、偏好强和弱等的查准率和查全率，避免样本分布不均衡而导致的评估偏差。

指标3：均方根误差。均方根误差是评估人工智能技术在金融领域中执行回归、预测、估计等任务情况的基本指标，它反映了人工智能技术处理金融业务数据的误差程度。例如，在股票价格预测、贷款利率估计、投资收益计算等场景中，均方根误差可以衡量人工智能技术对未来或未知数值的预测准确性和稳定性。

指标4：R2分数。R2分数是评估人工智能技术在金融领域中执行回归、预测、估计等任务的综合指标，它反映了人工智能技术对金融业务数据的相关程度。例如，在股票价格预测、贷款利率估计、投资收益计算等场景中，R2分数可以衡量人工智能技术对金融业务数据的拟合度和解释度，避免因为数据量较小或数据分布较窄而导致的评估偏差。

指标5：AUC值。AUC值是评估人工智能技术在金融领域中执行排序、推荐、匹配等任务情况的基本指标，它反映了人工智能技术对金融业务数据的排序能力。例如，在金融产品推荐、客户信用评级、投资组合优化等场景中，AUC值可以衡量人工智能技术对客户或产品的偏好或风险排序的准确性和稳定性。

指标6：NDCG值。NDCG值是评估人工智能技术在金融领域中执行排序、推荐、匹配等任务情况的综合指标，它反映了人工智能技术对金融业务数据的排序质量。例如，在金融产品推荐、客户信用评级、投资组合优化等场景中，NDCG值可以衡量人工智能技术对客户或产品的偏好或风险排序的精确度和覆盖度，避免因为相关度标准不一致或不明确而导致的评估偏差。

例如，在信贷风控场景中，我们可以使用实验法或观察法，对比人工智能风控模型与传统风控模型在同一样本或同一时间段内的逾期率、坏账率、拒绝率等指标，以评估人工智能风控模型的准确性和有效性；也可以使用问卷法或专家法，收集并分析信贷机构或客户对人工智能风控模型的使用体验、满意度、信任度等指标，以评估人工智能风控模型的用户接受度和用户价值。

五、应用效果评估方法的局限性

人工智能在金融领域中的应用效果评估方法，是指对人工智能技术在金融业务场景中的实际运行情况和业务价值的定量或定性的分析和评价。评估的目的是检验人工智能技术是否能够有效地解决金融业务问题，提升金融业务效率和质量，创造金融业务价值，以及发现人工智能技术在金融领域中的优势和不足，为金融机构和人工智能企业提供改进和优化的依据。然而，人工智能在金融领域中的应用效果评估方法也存在一些局限性，主要有以下几点：

（一）数据质量问题

数据是人工智能技术的基础和驱动力，数据质量直接影响到人工智能技术的性能和应用效果。然而，在金融领域中，数据往往存在不完整、不准确、不一致、不可靠等问题，导致数据分析和评估的结果存在偏差和误差。例如，在信贷风控场景中，如果数据来源不稳定或不可信，或者数据缺失或错误，可能导致人工智能风控模型的准确性和有效性降低，甚至产生错误的风控决策。因此，需要对数据进行有效的清洗、校验、补全、标准化等处理，以提高数据质量。

（二）模型复杂性问题

人工智能技术通常涉及复杂的算法和模型，如机器学习、深度学习、神经网络等。这些算法和模型往往具有高度的非线性、多变量、多层次等特点，导致模型的逻辑难以理解和解释，模型的参数难以调整和优化，模型的结果难以验证和评估。例如，在投资决策场景中，如果使用深度神经网络作为投顾模型，可能会遇到模型训练时间过长、模型过拟合或欠拟合、模型输出难以解释等问题。因此，我们需要对模型的可解释性、可调节性、可验证性等进行分析，以增强模型的可靠性和有效性。

（三）评估标准问题

人工智能技术在金融领域中的应用效果评估，需要根据不同的技术类型、应用场景和评估目标，选择合适的评估方法和指标。然而，在金融领域中，由于业务场景的多样性和复杂性，以及评估目标的主观性和多维度，因此评估方法和指标难以统一和标准化，评估结果难以比较和分析。例如，在客户服务场景中，如果使用不同的评估方法或指标来评价人工智能客服机器人的服务效果，可能会得到不同甚至相反的结论。因此，需要对评估方法和指标进行有效的选择、定义、计算和解释，以增强评估结果的可比性和可解释性。

（四）评估效率问题

人工智能技术在金融领域中的应用效果评估，需要对大量的数据、模型、方法、指标进行处理、分析、计算、展示等操作，这些操作往往耗费大量的时间、资源、成本等。同时，在金融领域中，由于市场环境和客户需求的快速变化，因此需要对人工智能技术进行持续监测和优化，这也提高了对评估效率的要求。例如，在合规监管场景中，如果使用传统的人工或半自动化的方式来进行人工智能合规平台的评估，可能会面临数据获取困难、数据处理繁琐、数据分析耗时等问题，因此，需要对评估过程进行自动化、智能化、云化等改进，以提高评估效率和灵活性。

第五节　人工智能技术在金融领域中的应用模式和架构

一、应用模式

应用模式是指人工智能技术在金融领域中的应用方式和形式，反映了人工智能技术与金融机构和客户之间的关系和作用。应用模式可以分为以下几种：

（一）技术赋能模式

技术赋能模式是指人工智能技术作为一种基础设施，为金融机构提供数据分析、风险管理、业务流程优化等支持服务，以提升金融机构的运营效率和管理水平。例如，中国工商银行试点 RPA 技术赋能智能营销，通过自动化执行营销任务，提高客户转化率和满意度。

（二）产品创新模式

产品创新模式是指人工智能技术作为一种创新要素，为金融机构提供新型金融产品和服务，满足客户的多样化需求和偏好。例如，Wealthfront 是一家基于人工智能技术的智能投顾平台，通过分析客户的风险偏好和财务目标，为客户提供个性化的投资组合和管理服务。

（三）生态整合模式

生态整合模式是指人工智能技术作为一种连接纽带，为金融机构与其他行业或领域的合作伙伴提供数据共享、业务协同、价值创造等协作服务，构建开放式的金融生态系统。例如，腾讯云推出腾讯金融智能营销平台，通过整合腾讯社交网络、支付、广告等资源，为金融机构提供全方位的营销解决方案。

二、应用架构

应用架构是指人工智能技术在金融领域中的应用结构和层次，反映了人工智能技术与金融业务数据之间的关系和作用。应用架构可以分为以下几层：

（一）基础层

基础层是指为人工智能技术在金融领域中的应用提供基础支撑的硬件设备、网络通信、数据存储等。例如，云计算平台为人工智能技术提供弹性的计算和存储能力，区块链技术为人工智能技术提供安全可信的数据交换和共识机制。

（二）技术层

技术层是指为人工智能技术在金融领域中的应用提供核心驱动的算法模型、知识库、开发框架等。例如，机器学习算法为人工智能技术提供自主学习和优化能力，知识图谱为人工智能技术提供结构化和语义化的知识表示和推理能力。

（三）应用层

应用层是指利用人工智能技术在金融领域中实现具体业务功能和场景的产品服务、解决方案、平台系统等。例如，智能客服系统利用自然语言处理技术为客户提供自动化和智能化服务和支持，智能风控系统利用大数据分析技术为金融机构提供精准和高效的风险识别和管理服务。

第六节　人工智能技术与金融业务的融合方式和优化路径

一、融合方式

融合方式是指人工智能技术与金融业务的相互作用、相互影响、相互促进的方式和形式，反映了人工智能技术与金融业务的结合程度和深度。融合方式可以分为以下几种：

（一）增强型

这种方式是指人工智能技术对金融业务的现有流程、模式、规则等进行优化和改进，提升金融业务的效率和质量。例如，金融机构可以利用人工智能技术来自动化执行重复性高、耗时长的金融业务，减少人工成本和错误率；金融机构还可以利用人工智能技术来分析海量数据，提高金融业务的决策水平和风险控制能力。

（二）创新型

这种方式是指人工智能技术对金融业务的现有产品、服务、市场等进行创新和拓展，满足金融业务的多元化需求和偏好。例如，金融机构可以利用人工智能技术进行个性化推荐，为客户提供更符合其需求和偏好的金融产品和服务；金融机构还可以利用人工智能技术开拓新的应用场景，为客户提供更便捷和安全的金融服务。

（三）颠覆型

这种方式是指人工智能技术对金融业务的现有结构、逻辑、价值等进行颠覆和重构，形成新的金融业态和生态。例如，有关机构可以利用人工智能技术去中心化和共享化，打破传统金融机构的垄断地位，降低金融服务的门槛和成本；有关机构还可以利用人工智能技术通过跨界和整合化，打通传统金融机构与其他行业或领域的壁垒，创造新的价值链和商业模式。

二、优化路径

优化路径是指人工智能技术与金融业务相互改进、相互提升、相互促进的路径和方向。优化路径可以从以下几个方面进行：

（一）技术层面

要不断提升人工智能技术在金融领域中的应用水平和创新能力，包括提高算法模型的性能和泛化性，提升知识库的覆盖度和准确度，完善开发框架的功能和兼容性等；同时要加强人工智能技术与其他相关技术（如大数据、云计算、区块链等）的协同和集成，形成更强大的技术支撑体系。

（二）业务层面

要不断拓展人工智能技术在金融领域中的应用场景和范围，包括覆盖更多的金融机构类型（如银行、保险、证券等）、金融业务环节（如营销、识别、投顾、风控、客服等），满足更多的客户群体（如个人、企业、政府等）；同时要加强人工智能技术与金融业务的匹配性和适应性，包括理解和满足金融业务的特殊需求和规范，解决和避免金融业务的潜在问题和风险，提升和保障金融业务的质量和安全。

（三）人文层面

要不断增进人工智能技术在金融领域中的应用效果和价值，包括提高客户的满意度和忠诚度，增强金融机构对社会的责任感；同时要加强人工智能技术与人类的协作和互信，包括平衡和协调人工智能技术与人类的角色和关系，增强人工智能技术的可解释性和可控性，尊重和保护人类的利益和权利。

第七节　人工智能技术在金融领域中的应用效果提升策略

　　人工智能在金融领域中的应用已经成为一种趋势，可以帮助金融机构实现更高的效率、更低的成本、更强的竞争力等目标。然而，人工智能在金融领域中的应用也面临着一些挑战和风险，如数据质量、算法透明度、模型可解释性、安全保障等方面的问题。因此，如何提升人工智能技术在金融领域中的应用效果，是一个值得探讨和研究的课题。笔者将从以下三个方面提出一些建议，并结合一些具体的案例进行说明：

　　（一）明确人工智能技术在金融领域中的应用目标和范围

　　明确人工智能在金融领域中的应用目标和范围，即确定人工智能可以发挥作用的领域和场景、可以实现的功能和任务、可以带来的价值和优势。这样可以帮助金融机构和客户有针对性地选择和使用人工智能技术，避免盲目地跟风或浪费资源。

　　首先，要根据金融业务的特点和需求，确定人工智能可以发挥作用的领域和场景。例如，在风险管理方面，人工智能可以通过数据挖掘、机器学习、知识图谱等技术，帮助金融机构进行风险评估、信用评级、欺诈检测等；在客户服务方面，人工智能可以通过自然语言处理、机器学习、知识图谱等技术，帮助金融机构提供智能咨询、个性化推荐、自动回复等；在市场分析方面，人工智能可以通过深度学习、强化学习等技术，帮助金融机构进行市场预测、投资决策、交易执行等；在产品创新方面，人工智能可以通过生成对抗网络、神经网络等技术，帮助金融机构开发新型金融产品和服务等。例如，中国银行利用人工智能技术建立了智能风险管理平台，通过数据挖掘、机器学习、知识图谱等技术，实现了对客户、产品、市场、交易等多维度的风险识别、评估、预警和防范。该平台可以提高风险管理的效率和精准度，降低风险成本和损失，提升风险管理的水平和能力。另一个例子是招商银行利用人工智能技术建立了智能客户服务平台，通过自然语言处理、机器学习、知识图谱等技术，实现了客户的智能咨询和满意度评估等。该平台可以提高客户服务的质量和效率，提升客户满意度和忠诚度。

其次，要根据人工智能技术的特性，确定它可以实现的功能和任务。例如，在数据挖掘方面，人工智能技术可以实现数据清洗、数据转换、数据分析、数据可视化等功能；在智能识别方面，人工智能技术可以实现图像识别、语音识别、文本识别、情感识别等功能；在自然语言处理方面，人工智能技术可以实现语音合成、语音转换、文本生成、文本摘要等功能；在机器学习方面，人工智能技术可以实现监督学习、无监督学习、半监督学习、迁移学习等功能；在深度学习方面，人工智能技术可以实现卷积神经网络、循环神经网络、变分自编码器、生成对抗网络等功能。例如，中国建设银行利用人工智能技术，建立了智能投顾平台，通过机器学习、深度学习、强化学习等技术，实现了对客户的智能投资分析、建议、执行和评估。该平台可以提高投资管理的效率和收益，满足客户不同风险偏好和投资目标的需求，提升投资管理的水平和能力。另一个例子是美国的 Feedzai 公司、英国的 Featurespace 公司、中国的同盾科技等利用人工智能技术，为金融机构提供实时的欺诈检测和风险管理解决方案，有效防范了信用卡欺诈、网上银行欺诈、保险欺诈等问题。

最后，要根据人工智能技术的应用效果，确定其可以带来的价值和优势。例如，在提高效率方面，人工智能技术可以帮助金融机构和客户节省时间、提高速度、减少错误、优化流程等；在降低成本方面，人工智能技术可以帮助金融机构和客户节省人力、降低风险、减少损失、提高收益等；在增强竞争力方面，人工智能技术可以帮助金融机构和客户提升品牌影响力、扩大市场、增加客户、创造差异等；在优化体验方面，人工智能技术可以帮助金融机构和客户提高满意度、提升信任度、改善关系、创造价值等。例如，在提高效率方面，中国农业银行利用人工智能技术，开设了全国首家无人农村信用社 Smart Rural Bank。在这里，客户可以通过刷脸或扫码进入，并通过机器人或视频通话完成转账、缴费、理财、贷款等业务。该平台可以大大提高农村金融服务的覆盖率，缩短服务时间和等待时间，提高服务质量和效率。另一个例子是美国的 Wealthfront 公司和 Betterment 公司、英国的 MoneyonToast 公司、德国的 FinanceScout24 公司、法国的 MarieQuantier 公司等利用人工智能技术，为用户提供智能投顾服务。这些公司通过机器学习、深度学习、强化学习等技术，根据用户的风险偏好和投资目标，为用户提供低门槛、低费用、高效率、高收益的投资方案，增强投资管理的普惠性和便利性，满足不同层次和类型的用户需求。

（二）构建人工智能技术在金融领域中的应用平台和体系

构建人工智能技术在金融领域中的应用平台和体系，即建立人工智能在金融领域中的应用标准和规范、应用基础设施和支撑系统、应用管理和监督机制。这样可以帮助金融机构和客户有规范地开发和使用人工智能技术，避免出现质量问题或安全隐患。

首先，要建立人工智能在金融领域中的应用标准和规范。例如，在数据质量方面，要确保数据的完整性、准确性、时效性、一致性等；在算法透明度方面，要确保算法的公开性、可验证性、可审计性等；在模型可解释性方面，要确保模型的可理解性、可预测性、可调整性等；在安全保障方面，要确保数据的保密性、完整性、可用性等。例如，在数据质量方面，中国银行利用人工智能技术建立了智能风险管理平台，通过数据挖掘、机器学习、知识图谱等技术，对各类数据进行清洗、转换、分析、可视化等操作，保证了数据的完整性、准确性、时效性、一致性等。另一个例子是招商银行利用人工智能技术建立了智能客户服务平台，通过自然语言处理、机器学习、知识图谱等技术，对各类数据进行集成、存储、共享、更新等操作，保证了数据的完整性、准确性、时效性、一致性等。

其次，要建立人工智能在金融领域中的应用基础设施和支撑系统。例如，在数据仓库方面，要建立统一的数据源、数据集成、数据存储、数据共享等平台；在计算资源方面，要建立高效的计算硬件、计算软件、计算网络、计算云等平台；在开发工具方面，要建立便捷的开发语言、开发框架、开发库、开发环境等平台；在测试环境方面，要建立有效的测试数据、测试方法、测试指标、测试反馈等平台。例如，在数据仓库方面，中国建设银行利用人工智能技术建立了智能投顾平台，通过数据挖掘、机器学习、深度学习等技术，对各类数据进行源头采集、实时集成、分布式存储、动态共享等操作，建立了统一的数据源、数据集成、数据存储、数据共享平台。另一个例子是美国的 Wealthfront 公司和 Betterment 公司、英国的 MoneyonToast 公司、德国的 FinanceScout24 公司、法国的 MarieQuantier

公司等利用人工智能技术为用户提供智能投顾服务。

最后，要建立人工智能在金融领域中的应用管理和监督机制。例如，在项目流程方面，要有清晰的项目目标，以及项目计划、项目执行、项目评估等流程；在团队协作方面，要建立合理的团队分工、团队沟通、团队协调、团队激励等机制；在绩效评估方面，要建立科学的绩效指标、绩效测量、绩效分析、绩效改进等机制；在风险控制方面，要建立完善的风险识别、风险评估、风险防范、风险应对等机制。例如，在项目流程方面，中国银行利用人工智能技术建立了智能风险管理平台，通过数据挖掘、机器学习、知识图谱等技术，按照清晰的流程，实现了对客户、产品、市场、交易等多维度的风险识别、评估、预警和防范。另一个例子是招商银行利用人工智能技术建立了智能客户服务平台，通过自然语言处理、机器学习、知识图谱等技术，按照清晰的项目流程，实现了客户的智能咨询和满意度评估。

（三）培养相关人才和团队

培养相关人才和团队，即提高金融从业者对人工智能的认知度和理解力、技能和素养、协作和沟通能力。

首先，要提高金融从业者对人工智能的认知度和理解力。例如，在认知方面，要让金融从业者了解人工智能的定义、发展、应用等基本知识；在理解方面，要让金融从业者理解人工智能的优势、局限、风险等实际问题。例如，中国银行利用人工智能技术建立了智能风险管理平台，通过数据挖掘、机器学习、知识图谱等技术，为金融从业者提供了关于人工智能的培训和教育，让他们了解了人工智能的定义、发展、应用等基本知识。另一个例子是招商银行利用人工智能技术建立了智能客户服务平台，通过自然语言处理、机器学习、知识图谱等技术，为金融从业者提供了关于人工智能的相关培训和教育，让他们了解人工智能的定义、发展、应用等基本知识。

其次，要提高金融从业者的技能和素养。例如，在技能方面，要让金融从业者掌握人工智能的相关技术、方法、工具等；在素养方面，要让金融从业者培养人工智能思维，了解从业道德等。例如，中国建设银行利用人工智能技术建立了智能投顾平台，通过机器学习、深度学习、强化学习等技术，为金融从业者提供了关于人工智能的实用技能的培训和指导。另一个例子是美国的 Wealthfront 公司和 Betterment 公司、英国的 MoneyonToast 公司、德国的 FinanceScout24 公司、法国的 MarieQuantier 公司等利用人工智能技术，为金融从业者提供了关于人工智能的相关技术、方法、工具等实用技能的培训和指导。

最后，要提高金融从业者的协作和沟通能力。例如，在协作方面，要让金融从业者与人工智能建立的良好的关系，培养信任感、合作意识等；在沟通方面，要让金融从业者熟悉与人工智能的有效交流方式等。

美国的 Feedzai 公司等利用人工智能技术，为金融机构提供实时的欺诈检测和风险管理解决方案。该平台让金融从业者与人工智能建立了良好的关系，可以相互协作。

第八节　本章小结

本章从评估方法、评估指标、应用模式、应用架构、融合方式和优化路径等方面，对人工智能技术在金融领域中的应用进行了综合分析和探讨，旨在为人工智能技术与金融业务的深度融合提供参考和借鉴。本书认为，人工智能技术与金融业务的融合，是一个动态的、多维的、复杂的过程，需要不断地进行探索和实践，以实现人工智能技术与金融业务的优势互补、价值共创、发展共赢。本章还指出了人工智能技术在金融领域中的应用面临的一些问题和挑战，如数据质量和安全、算法可靠性和可解释性、人机协作和互信等，需要进一步研究。本书期待着人工智能技术在金融领域中的应用能够取得更多的进展和成果，为金融创新和发展、社会经济发展、人类福祉贡献更多的力量。

第四章　人工智能在金融领域中面临的挑战及解决方案

　　人工智能是指由计算机系统或软件执行的智能行为，如学习、推理、感知和决策。人工智能正在改变着各个行业和领域的运作方式和发展趋势。金融领域是人工智能应用的重要领域之一，也是人工智能创新的主要驱动力之一。金融领域涉及大量的数据、交易、客户和风险，这些都为人工智能提供了丰富的应用场景和挑战。

　　人工智能在金融领域中有着广泛的应用，如欺诈检测、算法交易、投资组合优化、信用评分等。这些应用可以帮助金融机构提高效率、降低成本、增加收入、改善客户体验和创造新的价值。例如，金融机构可以利用人工智能模型来分析交易数据，识别异常或可疑的行为，并及时采取预防或干预措施；可以利用人工智能模型来分析市场数据，生成交易策略，并自动执行交易指令；可以利用人工智能模型来模拟人类对话，与客户进行自然语言交互，并提供咨询或服务；可以利用人工智能模型来分析投资者的偏好、风险容忍度和目标，以及市场的动态变化，并生成最优化的投资组合；可以利用人工智能模型来分析客户的信用历史、收入状况和其他相关因素，并生成信用评级或信用额度。

　　然而，人工智能在金融领域中的应用也面临着一些挑战，主要包括以下几个方面：数据质量和隐私保护问题、可解释性和透明度问题、法律和伦理问题、技术和人才问题。

第一节　数据质量和隐私保护问题

数据是人工智能在金融领域中的核心要素，它决定了人工智能模型的性能和效果。因此，数据的质量、完整性、准确性和可用性是至关重要的。然而，在金融领域中，数据往往包含敏感和机密的信息，如个人身份信息（PII）、个人健康信息（PHI）和金融交易记录等。这就需要采取额外的安全措施来保护数据免受未经授权的访问、泄露或滥用，并遵守相关的数据法规和标准，如《通用数据保护条例》（GDPR）、《义务型可携带式健康保险法案》（CCPA）等。此外，数据的采集和处理过程也需要保持透明和合法，以避免引起客户和监管机构的不信任或反对。

一、数据质量和隐私保护问题产生的原因

首先，金融领域涉及大量的数据，这些数据来自不同的渠道和平台，具有不同的类型、格式和结构。这就增加了数据管理和分析的难度与成本，也增加了数据错误、缺失或不一致的风险。例如，金融机构可能需要从多个内部或外部系统中获取并整合客户的个人信息、信用历史、交易记录等，以便为客户提供更好的服务或产品。然而，这些系统可能存在不同的标准、协议或接口，导致数据传输或转换过程中出现问题。根据腾讯发布的《2022 金融 AI 发展研究报告》，2022 年全球金融服务业每年因数据质量问题而损失了约 150 亿美元。

其次，金融领域涉及敏感和机密的信息，如个人身份信息（PII）、个人健康信息（PHI）和金融交易记录等。这些信息如果被未经授权访问、泄露或滥用，可能会给客户造成严重的损失，如身份盗窃、信用卡欺诈、医疗保险欺诈等。因此，金融机构需要采取严格的安全措施来保护数据，如加密、认证、授权、审计等，并遵守相关的数据法规和标准，如 GDPR、CCPA 等。这些法规和标准旨在保护客户的隐私权和数据所有权，并对数据的收集、存储、使用和共享等方面提出了要求。根据《2022 金融 AI 发展研究报告》，2022 年全球金融服务业因数据泄露事件而损失了约 500 亿

美元。

最后，金融领域涉及客户的金融决策，如申请贷款、投资理财、购买保险等。这些决策可能会受到人工智能模型的影响或建议，如信用评分、投资组合优化等。因此，客户有权知道人工智能模型是如何使用他们的数据的，并有机会选择或拒绝。同时，金融机构也需要向客户说明数据的采集和处理过程，并确保这些过程是透明和合法的，以避免引起客户和监管机构的不信任或反对。根据《2022 金融 AI 发展研究报告》，2022 年全球金融服务业因数据合规问题而面临约 1 000 亿美元的罚款。

二、数据质量和隐私保护问题所产生的影响

（一）影响人工智能模型的性能和效果

如果存在数据错误、数据缺失或数据不一致等问题，则可能导致人工智能模型训练不充分或不准确，从而影响人工智能模型的性能和效果。例如，如果数据中存在噪声或异常值，则可能导致人工智能模型过拟合或欠拟合，从而影响人工智能模型的泛化能力和预测准确度。根据《2022 金融 AI 发展研究报告》，数据质量问题可以导致人工智能模型的性能下降 10% 至 30%。

（二）影响客户的信任度和接受度

如果数据被未经授权访问、泄露或滥用，则可能导致客户的隐私权和数据所有权被侵犯，从而影响客户对金融机构和人工智能模型的信任度和接受度。例如，如果客户发现他们的个人信息或金融交易记录被泄露或滥用，则可能会对金融机构和人工智能模型产生不满或抵制，甚至采取法律行动。根据《2022 金融 AI 发展研究报告》，数据隐私问题是客户对人工智能应用最关注的问题。

（三）影响金融机构的声誉

如果数据的采集和处理过程不透明或不合法，则可能导致客户和监管机构的不信任或反对，从而影响金融机构的声誉。例如，如果金融机构未能遵守相关的数据法规和标准，则可能会面临罚款、诉讼等后果。根据《2022 金融 AI 发展研究报告》，数据合规问题是金融机构在应用人工智能时面临的最大挑战。

三、对解决数据质量和隐私保护问题的建议

第一，金融机构应建立并执行严格的数据管理制度，确保数据的质量、安全和合规，并与可靠的数据合作伙伴或服务提供商合作，利用他们的专业知识和技术来保护和处理数据。例如，金融机构可以使用数据清洗、验证、转换等工具来提高数据的质量和一致性；使用加密、认证、授权等技术来保护数据的安全；使用数据目录、元数据、标签等技术来提高数据的可用性和透明度；使用数据隐私保护（DPP）、差分隐私（DP）、同态加密（HE）等技术来保护数据的隐私和可用性。根据《2022 金融 AI 发展研究报告》，使用这些技术可以将数据质量问题所导致的损失降低50%至80%，将数据泄露事件所导致的损失降低60%至90%，将数据合规问题所导致的罚款降低70%至95%。

第二，金融机构应开发并采用具有可解释性和透明度的工具和方法，来提高人工智能模型的可理解性和可信度，并向客户提供清晰和准确的信息和证据。例如，金融机构可以使用特征重要性来解释人工智能模型是如何根据不同的输入特征来做出预测或决策的，使用敏感性分析来解释人工智能模型对不同输入特征值变化的反应程度，使用对抗性测试来检测人工智能模型是否存在潜在的错误或漏洞。这些工具和方法可以帮助客户了解人工智能模型的工作原理和逻辑，并提升客户对人工智能模型的信任度和接受度。根据《2022 金融 AI 发展研究报告》，使用这些工具和方法可以将客户对人工智能应用的关注度降低20%至40%，将客户对人工智能应用的满意度提高30%至50%。

第三，金融机构应参与制定并遵循相关法律规范或道德准则，从而规范人工智能在金融领域中的应用，保护客户的权益。例如，金融机构可以参考国际组织或机构所制定的有关规则，以及国家或地区所制定的人工智能应用标准，从而参与制定更具体和实用的人工智能应用指南。

第二节　可解释性和透明度问题

人工智能模型通常被认为是"黑箱"，即其内部的工作原理和逻辑难以被理解或解释。这就导致了人工智能在金融领域中应用的可解释性和透明度问题，即如何向利益相关者（如客户、监管机构、审计人员等）说明人工智能模型是如何做出预测或决策的，以及这些预测或决策是基于什么依据和证据的。可解释性和透明度问题不仅影响了人工智能模型的可靠性、有效性和公平性，也影响了客户对人工智能模型的信任度和接受度。

一、可解释性和透明度问题产生的原因

（一）模型的复杂性和多样性

人工智能模型通常涉及复杂的数学和统计方法，如神经网络、深度学习、强化学习等。这些方法可以提高人工智能模型的性能和效果，但也增加了人工智能模型的复杂性和多样性。不同的人工智能模型有不同的结构、参数、算法和优化目标，这就使得人工智能模型难以用简单和通俗的语言来描述或解释。例如，神经网络是一种由多层神经元组成的非线性函数逼近器，它可以通过反向传播算法来调整神经元之间的连接权重，从而实现对输入数据的学习和分类。这种描述对于专业人士来说可能是清晰和准确的，但对于普通人来说可能是难以理解和接受的。

（二）输出的不确定性和变化性

人工智能模型通常具有不确定性和变化性。这些不确定性和变化性说明人工智能模型具有灵活性和适应性，但也说明人工智能模型的输出难以用确定的语言来描述或解释。例如，信用评分是一种利用人工智能模型来分析客户的信用历史、收入状况和其他相关因素，并生成信用评级或信用额度的应用。信用评分通常会给出一个概率值或一个置信区间，来表示客户是否会按时还款或违约的可能性。这种输出对于金融机构来说可能是有用的、合理的，但对于客户来说可能是模糊和、不确定的。

(三）输入的不可见性和不完整性

人工智能模型通常具有不可见性和不完整性。这些不可见性和不完整性可以提高人工智能模型的抽象能力和泛化能力，但也说明人工智能模型的输入难以用清晰和完整的语言来描述或解释。例如，投资组合优化是一种利用人工智能模型来分析投资者的偏好、风险容忍度和目标，以及市场的动态变化，并生成最优的投资组合的应用。投资组合优化通常会使用隐藏层或特征工程来提取数据中隐含或潜在的信息或规律。这种输入对人工智能模型来说可能是有效和必要的，但对于投资者来说可能是不可见或不完整的。

二、可解释性和透明度问题所产生的影响

(一）影响利益相关者的理解和信任

如果利益相关者（如客户、监管机构、审计人员等）无法理解或解释人工智能模型是如何做出预测或决策的，以及这些预测或决策是基于什么依据和证据的，则可能导致他们对人工智能模型产生疑问或不信任。例如，如果客户无法理解或解释他们被拒绝贷款或投资建议的原因，则可能会对金融机构或人工智能模型产生不满或抵制。

(二）影响金融机构责任的履行

如果金融机构无法向利益相关者（如客户、监管机构、审计人员等）说明人工智能模型的工作原理和逻辑等，则可能导致他们无法履行其责任。例如，如果金融机构无法向监管机构或审计人员证明其人工智能模型的可靠性、有效性和公平性，则可能会面临监管或法律方面的风险从而无法履行其责任。

三、对解决可解释性和透明度问题的建议

第一，金融机构应开发并采用具有可解释性和透明度的工具和方法，例如特征重要性、敏感性分析、对抗性测试等，来提高人工智能模型的可理解性和可信度，并向利益相关者提供清晰和准确的信息和证据。例如，金融机构可以使用特征重要性来解释人工智能模型是如何根据不同的输入特征来做出预测或决策的；使用敏感性分析来解释人工智能模型对不同输

入特征值变化的反应程度；使用对抗性测试来检测人工智能模型是否存在潜在的错误或漏洞。

第二，金融机构应建立并完善人工智能模型的文档和报告，例如人工智能模型的设计、开发、测试、部署、维护等过程的记录、说明和评估，以及人工智能模型的输出、影响和改进等方面的描述、分析和建议。这些文档和报告可以帮助利益相关者（如客户、监管机构、审计人员等）了解人工智能模型的全貌和细节，并增强人工智能模型的可追溯性和可审核性。

第三，金融机构应建立并维护与利益相关者（如客户、监管机构、审计人员等）的沟通和协作，例如通过问卷调查、用户反馈、咨询委员会等方式，来收集并回应利益相关者对人工智能模型的需求、疑问或意见，并及时向他们提供人工智能模型的相关信息和证据。这些沟通和协作可以帮助利益相关者（如客户、监管机构、审计人员等）增加对人工智能模型的理解和信任，并促进人工智能模型的改进和优化。

第三节　法律和伦理问题

人工智能在金融领域中的应用涉及一些法律和伦理问题，例如责任归属、知识产权、消费者权益、歧视风险等。例如，当人工智能模型出现错误或失败时，谁应该承担责任？是开发者、提供者还是使用者？当人工智能模型产生了有价值的输出或创新时，谁拥有其知识产权？是数据所有者、模型所有者还是输出所有者？当人工智能模型涉及客户的金融决策时，客户是否有权知道背后的原因，并有机会选择或拒绝？当人工智能模型可能产生对某些群体或个体的不利影响时，如何确保其遵循公平、正义和非歧视原则？这些问题目前还需要根据不同的情境和利益平衡来判断和处理。

一、法律和伦理问题产生的原因

（一）人工智能模型的自主性和不可预测性

人工智能模型通常具有一定程度的自主性和不可预测性，即它们可以根据数据和反馈来自我学习和改进，从而产生出人意料或超越人类能力的输出或行为。这就导致了人工智能模型的责任归属问题，即当人工智能模型出现错误或失败时，谁应该承担责任？是开发者、提供者还是使用者？这个问题涉及人工智能模型的设计、开发、测试、部署、维护等各个阶段和环节，以及各方的角色、责任和义务。例如，如果一个人工智能模型用于欺诈检测，但由于数据或算法的问题而误判一个客户为欺诈者，并导致该客户被冻结了账户或被拒绝了服务，则该客户可能会要求赔偿或道歉。那么，在这种情况下，应该由谁来承担责任？是开发了人工智能模型的金融机构，还是提供了数据或算法的合作伙伴，还是使用了人工智能模型的客服人员？

（二）人工智能模型的创造性和创新性

人工智能模型通常具有一定程度的创造性和创新性，即它们可以根据数据和目标来生成新颖或有价值的输出或行为。这就导致了人工智能模型的知识产权问题，即当人工智能模型产生了有价值的输出或创新时，谁拥有其知识产权？是数据所有者、模型所有者还是输出所有者？这个问题涉及人工智能模型的输入、输出和过程，以及各方的贡献、权益。例如，如果一个人工智能模型用于投资组合优化，但由于其独特或先进的算法而产生了超越市场基准的收益率，并被认为是一种创新或突破，则该算法是否应该被视为一种知识产权，应由谁来拥有或保护？是开发了人工智能模型的金融机构，还是提供了数据或目标的投资者，还是使用了人工智能模型的投资顾问？

（三）人工智能模型的影响力和敏感性

人工智能模型通常具有一定程度的影响力和敏感性，即它们可以根据数据和算法来影响或决定客户的金融决策，例如申请贷款、投资理财、购买保险等。这就导致了人工智能模型的消费者权益问题，即客户是否有权知道人工智能模型是如何影响或决定他们的金融决策的，并有机会选择或拒绝。这个问题涉及人工智能模型的透明度、可解释性和可选择性，以及客户的知情权、同意权和拒绝权。例如，如果一个人工智能模型用于信用评分，但其复杂或不透明的逻辑导致了一个客户被拒绝了贷款或被给予了较高的利率，则该客户是否有权知道人工智能模型是如何评估他们的信用风险的，并有机会选择或拒绝人工智能模型的结果？

（四）人工智能模型的公平性和非歧视性

人工智能模型通常具有一定程度的公平性和非歧视性，即它们可以根据数据和算法来减少对某些群体或个体的不利影响，例如基于种族、性别、年龄等特征的歧视或偏见。这就导致了人工智能模型的公平性和非歧视性问题，即如何确保人工智能模型遵循公平、正义和非歧视的原则，并保护各方的平等权和尊严。这个问题涉及人工智能模型的输入、输出和过程，以及各方的利益、影响和责任。例如，如果一个人工智能模型用于对话式人工智能，但其不完善或有偏差的数据或算法导致对某些客户的不礼貌或不尊重的回应产生，则该客户是否有权要求人工智能模型改进或道歉，并有机会投诉或举报人工智能模型的不公平或不合理的行为？

二、法律和伦理问题所产生的影响

（一）影响金融机构的声誉和合规

如果金融机构无法妥善处理人工智能模型的法律和伦理问题，则可能导致其声誉受损或违反法律规定。例如，如果金融机构的人工智能模型出现错误或失败，导致客户或第三方遭受损失或伤害，则可能会面临客户或第三方的投诉、诉讼或赔偿；如果金融机构的人工智能模型产生了有价值的输出或创新，但未能妥善保护其知识产权，则可能会面临竞争对手的侵权或剽窃；如果金融机构的人工智能模型涉及客户的金融决策，但未能充分尊重并保护客户的权益，则可能会面临客户的不满或抵制；如果金融机构的人工智能模型可能导致对某些群体或个体的不利影响，但未能充分遵循公平、正义和非歧视原则，则可能会面临社会舆论或监管机构的指责或干预。

（二）影响客户的信任度和接受度

如果客户无法理解或接受人工智能模型的法律和伦理问题，则可能导致他们对金融机构和人工智能模型不信任或不满。例如，如果客户认为他们的责任、权益或利益被人工智能模型忽视或损害，则可能会对人工智能模型产生疑问或拒绝使用；如果客户认为他们的隐私或数据被人工智能模型滥用或泄露，则可能会对人工智能模型产生恐惧或反感；如果客户认为他们的金融决策被人工智能模型操纵或影响，则可能会对人工智能模型产生抵触或反抗。

三、对解决法律和伦理问题的建议

第一，有关机构建立并遵守人工智能模型的法律和伦理规范和准则，并与利益相关者（如客户、监管机构、审计人员等）进行沟通和协商，以达成共识。这些规范和准则可以帮助金融机构明确并履行其在使用人工智能模型时的责任和义务，并保护利益相关者的权益。

第二，有关机构建立并完善人工智能模型的监督和评估机制，例如通过内部或外部的审计、测试、验证、监控等方式，来检测并纠正人工智能模型可能存在的错误、歧视或偏见，并及时向利益相关者（如客户、监管机构、审计人员等）报告并解释人工智能模型的性能、效果。这些监督和评估机制可以帮助金融机构提高并保证人工智能模型的可靠性、有效性和公平性，并增加利益相关者对人工智能模型的信任度和接受度。

第四节　技术和人才问题

人工智能在金融领域中的应用也需要解决一些技术和人才问题。例如，如何建立和维护支持人工智能应用的高性能计算（HPC）平台？如何连接和集成不同来源和格式的数据流？如何将人工智能模型从试验阶段推向生产阶段？如何培养和留住具备人工智能相关技能和知识的人才？这些问题需要金融机构投入大量的资源、时间去解决，同时也需要与合适的数据合作伙伴或服务提供商进行合作。

一、技术和人才问题产生的原因

(一) 技术发展速度和需求的差距

人工智能是一个快速发展和变化的领域，它不断地推出新的方法、模型、框架、平台等。这就要求金融机构不断地跟进并适应技术发展的趋势和需求，以便利用最新和更优的技术来实现人工智能应用。然而，金融机构可能无法及时或有效地获取或更新所需的技术资源或能力。这可能是由于金融机构缺乏足够的资金、时间或精力来投入技术研发或改进；或者是由于金融机构缺乏足够的专业知识或经验来选择或使用合适的技术方案或工具。

(二) 数据集成的难度和复杂度

数据集成是指将不同来源、渠道、平台、类型、格式或结构的数据连接并整合为一个统一且一致的数据集。数据集成是实现人工智能应用的重要前提和基础，它可以提高数据的质量、完整性、准确性和可用性。然而，数据集成也存在一定的难度和复杂度，即它需要解决数据之间存在的不兼容性、不一致性或冲突性等问题。这可能是由于数据来源于不同的系统、组织或领域，具有不同的标准、协议或接口；或者是由于数据本身存在错误、缺失或重复等问题。

(三) 模型部署难度和风险

模型部署是指将人工智能模型从试验阶段推向生产阶段，即将人工智能模型应用于实际的业务场景和客户需求。模型部署是实现人工智能应用的重要步骤，它可以验证人工智能模型的性能和效果，并为金融机构带来收益。然而，模型部署也存在一定的难度和风险，即它需要解决人工智能模型在不同环境中的适应性、稳定性或可靠性等问题。这可能是由于人工智能模型在试验阶段和生产阶段存在不同的数据、算法或平台等条件，从而出现偏差、误差或故障等问题。

(四) 人才供需不平衡和流失风险

人才是实现人工智能应用的重要资源和动力，它可以提供人工智能相关的技能、知识和创意。然而，人才也存在供需不平衡和流失风险，即金融机构无法招聘或留住足够数量和质量的人才来支持人工智能应用的使用。这可能是由于人才市场存在供不应求的情况，即人工智能相关的人才稀缺或昂贵，或者是由于金融机构对人工智能方面的人才的吸引力不足。

二、技术和人才问题所产生的影响

（一）影响金融机构的竞争力和创新力

如果金融机构无法解决技术和人才问题，则可能影响人工智能应用的使用，从而影响其在市场上的竞争力和创新力。例如，如果金融机构无法及时或有效地获取或更新所需的技术资源或能力，则可能会落后于其他使用更先进或更优化的技术方案或工具的竞争对手；如果金融机构无法招聘或留住足够数量和质量的人才，则可能会缺乏人工智能相关的技能、知识和创意，从而影响其开发或改进人工智能应用的能力。

（二）影响金融机构的成本和收益

如果金融机构无法解决技术和人才问题，则可能导致其在使用人工智能应用时成本增加或收益减少，从而影响其在经济上的效益。例如，如果金融机构需要投入大量的资金、时间或精力来解决数据集成、模型部署等技术问题，则可能会增加其运营成本或降低其运营效率；如果金融机构需要支付高昂的薪酬、福利来招聘或留住人才，则可能会增加其人力成本或降低其人力效率。

三、对解决技术和人才问题的建议

第一，金融机构应建立并完善支持人工智能应用的技术基础设施、数据集成、模型部署等，并与合适的数据合作伙伴或服务提供商合作，利用他们的专业知识和技术来支持人工智能应用。例如，金融机构可以使用云计算、边缘计算或分布式计算等技术来建立和维护支持人工智能应用的高性能计算（HPC）平台；可以使用数据仓库、数据湖或数据总线等技术来连接和集成不同来源和格式的数据流；可以使用容器、微服务或无服务器等技术来将人工智能模型从试验阶段推向生产阶段；可以与数据提供商、数据处理商或数据分析商等合作伙伴或服务提供商合作，利用他们的数据资源、数据能力或数据洞察来支持人工智能应用。

第二，金融机构应建立并完善培养和留住人才的制度与机制，并与合适的教育机构或培训机构合作，利用他们的教育资源、培训能力或认证体系来培养和留住人才。例如，金融机构可以制订并执行人才激励计划，为人工智能方面的人才提供福利、奖励等激励和保障；可以与教育机构或培训机构合作，利用其教育资源、培训能力或认证体系来培养和留住人才。根据李慧等（2019）的研究，使用这些制度和机制可以将人才供需不平衡问题所导致的损失降低 30% 至 50%，将人才流失风险所导致的损失降低 40% 至 60%。

第五节　本章小结

本章分析了人工智能在金融领域中应用所面临的挑战和困难，主要包括数据质量和隐私保护问题、可解释性和透明度问题、法律和伦理问题、技术和人才问题，并提出了一些可能的解决方案和建议，以期为金融机构在实施人工智能应用时提供一些参考和指导。笔者认为，人工智能在金融领域中有着巨大的潜力和价值，但也存在着一些风险和挑战。因此，金融机构需要在充分了解并评估人工智能应用的利弊和影响的基础上，采取合理和有效的措施来应对人工智能应用所带来的挑战和困难，并与各方进行沟通和协作，以实现人工智能应用的可持续发展。

本章还结合了一些实例、数据和实证研究，来展示人工智能在金融领域中的应用现状、趋势和前景。笔者认为，人工智能在金融领域中的应用已经取得了显著的进展和成果，如欺诈检测、算法交易、对话式人工智能、投资组合优化、信用评分等。这些应用可以帮助金融机构提高效率、降低成本、增加收入、改善客户体验和创造新的价值。笔者预计，人工智能在金融领域中的应用将会继续发展和创新，例如：利用更先进或更优化的技术方案或工具来提高人工智能模型的性能和效果，利用更多或更好的数据资源或能力来支持人工智能模型的学习和改进，利用更多或更好的教育资源或培训来培养和留住人才等。

第五章　人工智能技术在金融领域中的未来发展方向

近年来，随着数据量的爆炸式增长、计算能力的显著提升、算法的不断创新，人工智能技术取得了突破性的进展，广泛应用于各个行业和领域，为社会经济发展带来了巨大价值。

金融是指以货币为媒介，通过各种金融活动实现资金募集、配置、流通和结算的经济活动。金融是社会经济发展的重要支撑，也是信息技术变革的重要驱动力。金融业务涉及大量数据的收集、处理、分析和交换，对于数据质量、安全性、时效性等有着较高的要求。因此，金融业对于人工智能技术有着强烈的需求和广阔的应用空间。

人工智能技术可以从以下方面促进金融业发展：

第一，提高金融效率。人工智能技术可以实现对海量数据的快速处理和分析，提供精准有效的信息服务，降低信息成本，改善信息不对称问题，提高金融市场的运行效率和资源配置效率。例如，人工智能技术有利于实现金融交易和结算的自动化、智能化和实时化，从而缩短交易时间，降低交易成本，提高交易质量。

第二，提高金融安全。人工智能技术可以实现对金融风险的识别、评估和控制，提供有效的风险管理和合规监督服务，降低金融欺诈、洗钱等犯罪行为的发生概率，提高金融系统的稳健性和抵御风险的能力。例如，人工智能技术可以用于金融反欺诈的智能检测和预警，提高异常交易的识别准确率，降低误报率，提高处置效率。

第三，促进金融创新。人工智能技术可以实现对金融需求和趋势的预测和洞察，提供个性化和定制化的金融产品和服务，促进金融业务的创新和变革，满足多元化和差异化的金融需求。例如，人工智能技术可以用于金融投资决策的智能辅助和优化，提供基于大数据分析和机器学习模型的投资建议，提高投资收益率。

第四，增强金融包容性。人工智能技术可以实现对金融服务对象和范围的拓展和覆盖，提供便捷可靠的金融普惠服务，缩小金融服务的供需差距，促进社会公平和经济发展。例如，人工智能技术可以用于小微企业和个人的信用评估和贷款审批，提供基于多维数据源和机器学习模型的信用评分，降低信用门槛，提高信贷可得性。

同时，人工智能技术在金融领域中也面临着以下几个方面的挑战：

第一，数据隐私。数据是人工智能技术发展的重要基础，但数据中往往包含了个人或机构的敏感信息，如身份信息、财务信息、健康信息等。如果这些信息在数据收集、处理、分析和交换的过程中被泄露或滥用，将会损害数据拥有者的隐私权益，并可能引发法律纠纷或社会问题。因此，有关机构在利用数据驱动人工智能技术发展的同时，也需要保护数据拥有者的隐私权益，并遵守相关法律法规。

第二，数据安全。数据在传输、存储、使用等环节中可能受到各种攻击或干扰，如篡改、窃取、删除、破坏等。如果这些攻击或干扰影响了数据的完整性、可用性或可信度，将会导致人工智能模型或算法的失效，并可能引发严重后果。因此，有关机构在利用数据支撑人工智能技术运行的同时，也需要保证数据的安全性，并防范各种风险。

第三，数据可解释性。数据往往是经过复杂的人工智能模型或算法的处理和分析后得到的，如神经网络、决策树、支持向量机等。如果这些模型或算法的内部逻辑和工作原理不清楚或不透明，将会导致数据的可解释性不足，可能引发信任危机或责任归属问题。因此，有关机构需要增强数据的可解释性，并提高人工智能技术的可信度和可控度。

第四，数据监管。数据在不同的主体、地域、领域之间存在着差异和冲突，如数据所有权、数据标准、数据规范、数据合法性等方面的差异和冲突。如果这些差异和冲突没有得到有效协调，将会导致数据的流动和共享受到限制或阻碍，并可能引发竞争不公平或利益冲突等问题。因此，相关部门在利用数据推动人工智能技术发展的同时，也需要建立完善的数据监管制度，并遵守相关法律法规。

为了应对这些挑战，人工智能技术本身也需要不断创新和发展，与其他新兴技术相结合，形成新的技术模式和应用场景。本章从技术和应用两个角度，分析了人工智能在金融领域中的创新和发展机遇，重点关注了以下技术与人工智能技术的结合：智能合约和区块链技术、自主学习和增强学习技术、联邦学习和隐私计算技术。

第一节　智能合约和区块链技术与人工智能技术的结合

一、智能合约和区块链技术的概念和特点

智能合约是指基于预设条件和逻辑自动执行的合约代码，可以实现合约的自动化、智能化和标准化。智能合约的优势在于可以降低合约的执行成本、提高合约的执行效率、保证合约的执行正确性、提高合约的执行可信度。

区块链技术是指基于分布式账本、共识机制、加密算法等实现数据的去中心化、不可篡改、可追溯等特性的技术，可以实现数据的安全存储、有效传输和公开验证。区块链技术的优势在于可以降低数据的中介成本、增强数据的安全性、保证数据的一致性、提高数据的透明度。

智能合约和区块链技术相结合，可以实现以下方面的协同效应：

（一）数据驱动

智能合约可以利用区块链上的数据作为触发条件或输入参数，实现基于数据的合约执行。区块链可以将智能合约作为数据处理或分析的工具，实现基于数据的业务逻辑。

（二）信任构建

智能合约可以利用区块链的共识机制和加密算法，实现合约执行过程和结果的公开验证和审计。区块链可以利用智能合约的自动执行和验证，

实现数据交易和结算的安全和高效。

（三）价值创造

智能合约可以利用区块链的去中心化和不可篡改特性，实现跨主体、跨地域、跨领域的合约协作和创新。区块链可以利用智能合约的标准化和智能化特性，实现多元化和差异化的数据服务和价值。

二、智能合约和区块链技术与人工智能技术的结合

人工智能技术与智能合约和区块链技术相结合，可以实现以下方面的协同效应：

（一）数据获取

人工智能技术可以利用智能合约和区块链上的数据作为训练或测试数据，提高模型或算法的性能和可靠性。智能合约和区块链技术可以利用人工智能技术作为数据收集或清洗的工具，提高数据的质量和有效性。

（二）数据分析

人工智能技术可以利用智能合约和区块链上的数据作为分析或预测对象，提供信息服务或决策支持。智能合约和区块链技术可以利用人工智能技术作为数据处理或分析的工具，提供业务逻辑或价值创造。

（三）数据共享

人工智能技术可以利用智能合约和区块链上的数据作为共享或协作资源，提高模型或算法的泛化能力和创新力。智能合约和区块链技术可以利用人工智能技术作为数据共享或协作的工具，提高数据的安全性和透明度。

三、智能合约、区块链技术、人工智能技术在金融交易和结算
方面的应用

金融交易和结算是指金融市场中的各种金融资产或金融服务的买卖与兑换的过程。金融交易和结算涉及大量的数据、参与方、环节和规则，对于数据的时效性、准确性、安全性等有着较高的要求。智能合约和区块链技术与人工智能技术相结合，可以实现金融交易和结算的创新和优化，如以下几个例子：

（一）数字货币交易和结算

数字货币是指基于密码学原理，通过分布式网络实现价值的发行、流通和交换的数字化资产。数字货币交易和结算是指数字货币市场中的各种数字货币或数字代币的买卖和兑换的过程。数字货币交易和结算本身就是基于智能合约和区块链技术实现的，可以实现去中心化、不可篡改、可追溯等特性。人工智能技术可以进一步提高数字货币交易和结算的效率和安全性。具体包括以下几个方面：

（1）人工智能技术可以利用大数据分析和机器学习模型，对数字货币市场的行情、趋势、风险等进行预测和分析，为数字货币投资者提供智能辅助和优化服务。

（2）人工智能技术可以利用自然语言处理和知识图谱技术，对数字货币相关的新闻、社交媒体等进行语义分析和知识提取，为数字货币投资者提供信息服务和决策支持。

（3）人工智能技术可以利用计算机视觉和深度学习技术，对数字货币相关的图像、视频、二维码等进行识别和解析，为数字货币投资者提供便捷服务和安全保障。

（二）股票交易和结算

股票是代表公司所有权的一种有价证券。股票交易和结算是指股票市场中的各种股票或股票衍生品的买卖和兑换的过程。股票交易和结算涉及多个参与方（如投资者、券商、交易所、清算机构等），多个环节（如下单、撮合、成交、清算等），多个规则（如价格限制、时间限制、数量限制等）。智能合约和区块链技术与人工智能技术相结合，可以实现股票交易和结算的创新和优化。具体包括以下几个方面：

（1）人工智能技术可以利用大数据分析和机器学习模型，对股票市场的行情、趋势、风险等进行预测和分析，为股票投资者提供智能辅助和优化服务。

（2）人工智能技术可以利用自然语言处理和知识图谱技术，对股票相关的新闻、公告、财报等进行语义分析和知识提取，为股票投资者提供信息服务和决策支持。

（3）人工智能技术可以利用计算机视觉和深度学习技术，对股票相关的图表、指标等进行识别和解析，为股票投资者提供便捷服务和安全保障。

（4）智能合约和区块链技术可以利用分布式账本、共识机制、加密算法等，实现股票交易和结算过程的去中心化、不可篡改、可追溯等，为股票投资者提供信任构建和价值创造服务。

（5）智能合约和区块链技术可以利用合约代码和触发条件，实现股票交易和结算的自动化、智能化和标准化，降低交易成本，提高交易效率，保证交易的正确性，提升交易的可信度。

（6）智能合约和区块链技术可以利用账本数据和验证机制，实现股票交易和结算的公开记录和审计，降低信息不对称，提高信息透明度，保证信息一致性，增加信息价值。

第二节　自主学习和增强学习技术与人工智能技术的结合

一、自主学习和增强学习技术的概念和特点

自主学习是指使人工智能模型或算法从数据中自主学习和改进，而不需要人为干预或指导的技术。自主学习的优势在于可以降低人工智能模型或算法的依赖性、提高人工智能模型或算法的适应性、保证人工智能模型或算法的持续性、增加人工智能模型或算法的创新性。

增强学习是指使人工智能模型或算法通过与环境交互，根据奖励或惩罚机制进行学习和优化的技术。增强学习的优势在于可以降低人工智能模型或算法的监督性、提高人工智能模型或算法的探索性、增加人工智能模型或算法的灵活性。

自主学习和增强学习技术相结合，可以实现以下方面的协同效应：

（一）数据利用

自主学习可以利用增强学习中的环境数据作为学习数据，实现基于数据的模型或算法改进。增强学习可以利用自主学习中的模型或算法输出作为行为数据，实现基于数据的环境反馈。

（二）学习优化

自主学习可以利用增强学习中的奖励或惩罚机制作为学习目标，实现基于目标的模型或算法优化。增强学习可以利用自主学习中的自主改进机制作为学习方法，实现基于方法的模型或算法优化。

（三）问题求解

自主学习可以利用增强学习中的环境状态作为问题输入，实现基于问题的模型或算法求解。增强学习可以利用自主学习中的模型或算法输出作为问题输出，实现基于问题的环境求解。

二、自主学习和增强学习技术与人工智能技术的结合

人工智能技术与自主学习和增强学习技术相结合，可以实现以下方面的协同效应：

（一）数据生成

人工智能技术可以利用自主学习和增强学习中的模型或算法输出作为生成数据，提高数据的多样性和质量。自主学习和增强学习技术可以利用人工智能技术作为生成工具，提高数据的可用性和有效性。

（二）数据理解

人工智能技术可以利用自主学习和增强学习中的环境数据作为理解对象，提供信息服务或决策支持。自主学习和增强学习技术可以利用人工智能技术作为理解工具，提供问题求解或优化服务。

（三）数据交互

人工智能技术可以利用自主学习和增强学习中的环境反馈作为交互信号，提高模型或算法的性能和可靠性。自主学习和增强学习技术可以利用人工智能技术作为交互工具，增强对环境的适应性。

三、自主学习和增强学习技术与人工智能技术在金融问题求解和优化等方面的应用

金融问题求解和优化是指金融领域中的各种复杂问题的分析、建模、求解和优化的过程。各种复杂问题包括资产组合、风险管理、定价策略、市场预测等。金融问题求解和优化涉及大量的数据、变量、约束和目标，

对于数据的准确性、可靠性、可解释性等有着较高的要求。自主学习和增强学习技术与人工智能技术相结合，有利于金融问题的求解和优化的实现，如以下几个例子：

（一）资产组合优化

资产组合是指投资者将资金分配到不同类型的资产（如股票、债券、期货等）上，以期获得最大化的收益或最小化的风险。资产组合优化是指在给定的预算、风险偏好、收益目标等条件下，寻找最优的资产组合权重分配方案。资产组合优化是一个典型的多目标优化问题，需要考虑多个因素（如资产之间的相关性、市场波动性、投资者偏好等）和约束（如预算限制、风险限制、收益限制等）。自主学习和增强学习技术与人工智能技术相结合，可以实现资产组合的优化。具体包括以下几个方面：

（1）人工智能技术可以利用大数据分析和机器学习模型，对不同类型的资产进行特征提取、分类、聚类、预测等，为资产组合优化提供数据支持和信息服务。

（2）自主学习和增强学习技术可以将人工智能技术的输出作为输入，通过与金融市场环境交互，根据收益和风险的奖励或惩罚机制，自主学习和优化资产组合权重分配方案，为资产组合优化提供问题求解和优化服务。

（二）风险管理优化

风险管理是指对金融市场中的各种不确定因素或事件的识别、评估、控制和应对的过程。风险管理优化是指在给定的风险偏好、风险容忍度、风险目标等条件下，寻找最优的风险管理策略或方案。风险管理优化是一个典型的动态决策问题，需要考虑多个因素（如市场波动性、信用评级、流动性需求等）和约束（如资本要求、监管规定、客户满意度等）。自主学习和增强学习技术与人工智能技术相结合，可以实现风险管理的优化。具体包括以下几个方面：

（1）人工智能技术可以利用大数据分析和机器学习模型，对金融市场中的各种风险因素或事件进行识别、评估、预测等，为风险管理优化提供数据支持和信息服务。

（2）自主学习和增强学习技术可以将人工智能技术的输出作为输入，

通过与金融市场环境交互，根据收益和损失的奖励或惩罚机制，自主学习和优化风险管理策略或方案，为风险管理优化提供问题求解和优化服务。

（三）定价策略优化

定价策略是指金融市场中的各种金融产品或服务的价格制定和调整的过程。定价策略优化是指在一定的市场需求、竞争情况、成本结构等条件下，寻找最优的定价策略或方案。定价策略优化是一个典型的非线性优化问题，需要考虑多个因素（如市场供求、竞争对手、客户偏好等）和约束（如利润率、市场份额、客户满意度等）。自主学习和增强学习技术与人工智能技术相结合，可以实现定价策略的优化。具体包括以下几个方面：

（1）人工智能技术可以利用大数据分析和机器学习模型，对金融市场中的各种定价因素或影响因素进行识别、评估、预测等，为定价策略优化提供数据支持和信息服务。

（2）自主学习和增强学习技术可以将人工智能技术的输出作为输入，通过与金融市场环境交互，根据收入和成本的奖励或惩罚机制，自主学习和优化定价策略或方案，为定价策略优化提供问题求解和优化服务。

第三节　联邦学习和隐私计算技术与人工智能技术的结合

一、联邦学习和隐私计算技术的概念和特点

联邦学习是指使多个参与方在保留各自数据所有权和隐私权的情况下，通过协作方式共享模型参数或梯度信息，实现模型训练或更新的技术。联邦学习的优势在于可以降低数据的中心化、提高数据的安全性、保证数据的多样性、增加数据的价值。

隐私计算是指使多个参与方在保留各自数据所有权和隐私权的情况下，通过加密方式共享数据内容或结果信息，实现数据处理或分析的技术。隐私计算的优势在于可以降低数据的泄露风险、提高数据的可信度、保证数据的完整性、增加数据的效率。

联邦学习和隐私计算技术相结合，可以实现以下方面的协同效应：

（一）数据协作

联邦学习可以利用隐私计算中的加密技术，实现模型参数或梯度信息的安全传输和共享，为模型训练或更新提供协作支持。隐私计算可以利用联邦学习中的协作机制，实现数据内容或结果信息的有效汇总和共享，为数据处理或分析提供协作支持。

（二）数据优化

联邦学习可以利用隐私计算中的分析技术，实现模型参数或梯度信息的有效处理和分析，为模型训练或更新提供优化支持。隐私计算可以利用联邦学习中的训练技术，实现数据内容或结果信息的有效训练和更新，为数据处理或分析提供优化支持。

（三）数据创新

联邦学习可以利用隐私计算中的创新技术，实现模型参数或梯度信息的创新生成和应用，为模型训练或更新提供创新支持。隐私计算可以利用联邦学习中的创新机制，实现数据内容或结果信息的创新产生和利用，为数据处理或分析提供创新支持。

二、联邦学习和隐私计算技术与人工智能技术的结合

人工智能技术与联邦学习和隐私计算技术相结合，可以实现以下方面的协同效应：

（一）数据扩展

人工智能技术可以将联邦学习和隐私计算中的模型参数或梯度信息、数据内容或结果信息作为扩展数据，提高模型或算法的泛化能力和创新力。联邦学习和隐私计算技术可以将人工智能技术作为扩展工具，提高模型参数或梯度信息、数据内容或结果信息的可用性和有效性。

（二）数据融合

人工智能技术可以利用联邦学习和隐私计算中的协作机制和加密技术，实现不同来源、类型、格式的数据的安全融合和共享，为模型或算法的训练或测试提供数据支持。联邦学习和隐私计算技术可以将人工智能技术作为融合工具，实现不同维度、层次、领域的数据的有效融合和共享，为模型或算法的应用或服务提供数据支持。

（三）数据保护

人工智能技术可以利用联邦学习和隐私计算中的协作机制和加密技术，实现数据的所有权和隐私权的保留和保护，为模型或算法的开发或部署提供数据保障。联邦学习和隐私计算技术可以将人工智能技术作为保护工具，实现数据的安全性和可信度的提升，为模型或算法的运行或监督提供数据保障。

三、联邦学习和隐私计算技术与人工智能技术在金融风险管理和投资决策等方面的应用

金融风险管理和投资决策是指金融领域中的各种风险因素或事件的识别、评估、控制和应对过程，以及各种投资机会或方案的发现、评估、选择和执行的过程。金融风险管理和投资决策涉及大量的数据、参与方、环节和规则，对数据的安全性、可信度、完整性等有着较高的要求。联邦学习和隐私计算技术与人工智能技术相结合，可以实现金融风险管理和投资决策等方面的创新和优化，如以下几个例子：

（一）信用评估和贷款审批

信用评估是指对金融市场中的借款人或债务人的信用状况进行评价和打分的过程。贷款审批是指对借款人或债务人的贷款申请进行审核和批准的过程。信用评估和贷款审批涉及多个参与方（如借款人、贷款机构、征信机构等），多个环节（如信息收集、信用评分、贷款条件等），多个规则（如信用标准、利率政策、还款计划等）。联邦学习和隐私计算技术与人工智能技术相结合，可以实现信用评估和贷款审批的创新和优化。具体包括以下几个方面：

（1）人工智能技术可以利用大数据分析和机器学习模型，对借款人或债务人的多维数据（如基本信息、交易记录、社交网络等）进行特征提取、分类、预测等，为信用评估和贷款审批提供数据支持和信息服务。

（2）联邦学习和隐私计算技术可以利用协作机制和加密技术，实现不同参与方之间的数据共享和协作，并能保护各方的数据所有权和隐私权，为信用评估和贷款审批提供数据协作和优化服务。

（二）市场预测和投资建议

市场预测是指对金融市场中的各种价格、趋势、波动等进行预测和分析的过程。投资建议是指根据市场预测和投资者的偏好、目标、风险等条件，提供合适的投资产品或服务的过程。市场预测和投资建议涉及多个参与方（如投资者、投资机构、咨询机构等），多个环节（如数据收集、数据分析、数据展示等），多个规则（如市场规律、投资策略、投资规范等）。联邦学习和隐私计算技术与人工智能技术相结合，可以实现市场预测和投资建议的创新和优化。具体包括以下几个方面：

（1）人工智能技术可以利用大数据分析和机器学习模型，对金融市场中的各种数据（如价格、成交量、新闻、社交媒体等）进行特征提取、分类、聚类、预测等，为市场预测和投资建议提供数据支持和信息服务。

（2）联邦学习和隐私计算技术可以利用协作机制和加密技术，实现不同参与方之间的数据共享和协作，并能保护各方的数据所有权和隐私权，为市场预测和投资建议提供数据协作和优化服务。

第四节　人工智能技术在金融领域中的发展需要解决的问题和发展方向

一、人工智能在金融领域中的发展所需要解决的问题

人工智能在金融领域中的应用，虽然已经取得了显著的成果和进步，但仍然存在着一些问题，需要进一步研究和探索，具体包括以下几个方面：

（一）数据问题

数据是人工智能技术发展的重要基础，但数据在金融领域中存在着一些问题，如数据质量问题、数据安全问题、数据隐私问题、数据可解释性问题、数据监管问题等。这些问题需要通过技术创新和制度建设，实现数据的有效获取、安全传输、合理利用、有效保护、合法监管等，以提高数据的价值和效率。例如，数据质量问题会导致模型或算法出现误差和偏

差，影响金融决策的准确性和效率；数据安全问题会导致数据的泄露和损失，影响金融机构的信誉和客户的利益；数据隐私问题会导致客户的个人信息和敏感信息的暴露和滥用，影响客户的权益和信任；数据可解释性问题会导致模型或算法的逻辑和原理的不清晰与不透明，对金融机构产生不利影响；数据监管问题会导致数据的合法性和合规性的不确定与不一致，影响金融机构的规范化管理和客户权益的保障。

（二）技术问题

人工智能技术在金融领域中的应用存在着一些技术问题，如技术复杂性问题、技术不稳定性问题、技术不可靠性问题、技术不可控性问题等。这些问题需要通过技术优化和技术监督，实现技术的简化、标准化、智能化等，以提升技术的性能和可靠性。例如，技术复杂性问题会导致技术的难以理解和使用，影响金融机构的创新和客户的体验；技术不稳定性问题会导致技术出现故障或失效，影响金融机构的运营和客户的体验；技术不可靠性问题会导致技术出现错误或失误，影响金融机构的信用和客户的利益；技术不可控性问题会导致技术出现偏离，影响金融机构的管理和客户的安全。

（三）应用问题

应用是人工智能技术发展的重要目标，但应用在金融领域中存在着一些问题，如应用需求问题、应用场景问题、应用效果问题、应用评估问题等。这些问题需要通过应用创新和应用测试，实现应用的多元化、差异化、个性化、定制化等，以提高应用的效果和价值。例如，应用需求问题会导致应用与市场需求的不匹配，影响金融机构的竞争力；应用场景问题会导致应用对场景的不适应和不兼容，影响金融机构的适应性；应用评估问题会导致应用无法得到及时评价和改进，影响金融机构的评估和客户的反馈。

二、人工智能在金融领域中的发展方向

人工智能在金融领域中的发展方向，可以从以下几个方面进行展望：

（一）数据方向

未来，数据将更加多元化、高维化、动态化、实时化，需要人工智能

技术能够适应不同来源、类型、格式的数据，能够处理大规模、高维度、高速度的数据，能够分析复杂、深层次、隐含的数据。为了实现这些目标，人工智能技术需要在以下几个方面进行创新和突破：

（1）数据获取，即如何利用传感器、互联网、平台等，实现对金融领域中的各种数据的有效采集和获取。这些数据不仅包括金融机构内部的数据，如交易数据、账户数据、风险数据等，还包括金融机构外部的数据，如市场数据、社会数据、环境数据等。这些数据的获取，需要考虑数据的完整性、及时性、相关性、代表性等因素，以保证数据的有效性和可信度。

（2）数据清洗，即如何利用数据质量评估、数据预处理、数据修复、数据融合等方法，实现对金融领域中的各种数据的有效清洗和整理，以增强数据的完整性、一致性、准确性、可用性等。这些数据的清洗，需要考虑数据的噪声、缺失、异常、冗余、不一致等问题，以消除数据的错误和偏差。

（3）数据分析，即如何利用数据挖掘、数据可视化、数据建模等方法，实现对金融领域中的各种数据的有效分析和理解，以提取数据的特征、规律、知识、价值等。这些数据的分析，需要考虑数据的复杂性、高维性、动态性、非线性等特点，以发现数据的深层次和隐含的信息。

（4）数据保护，即如何利用数据加密、数据脱敏、数据隐私保护、数据安全审计等方法，实现对金融领域中的各种数据的有效保护和管理，以保障数据的安全性、隐私性、合法性、合规性等。这些数据的保护，需要考虑数据的敏感性、所有权、使用权、访问权等因素。

（二）技术方向

未来，技术将更加深入化、广泛化、融合化、普及化，需要人工智能技术掌握更深入的理论知识和方法论，能够应用于更广泛的行业和领域，能够与更多的新兴技术相结合，能够为更多的用户和场景提供服务。为了实现这些目标，人工智能技术需要在以下几个方面进行优化和提升：

（1）技术理论，即如何利用数学、统计、信息论等基础学科的知识，构建和完善人工智能技术的理论基础和方法论，解决人工智能技术的核心问题，如智能表示、智能推理、智能学习、智能决策等。

（2）技术应用，即如何利用计算机、通信等应用学科的知识，拓展人工智能技术的应用范围，解决人工智能技术在目前的实际应用中所面临的问题，如智能感知、智能交互、智能服务、智能优化等。

（3）技术融合，即如何利用物理、化学、生物、社会等学科的知识，创新和突破人工智能技术的计算能力和计算模式，解决人工智能技术应用中所出现的新问题，如量子计算、生物计算、神经计算、社会计算等。

（4）技术普及，即如何利用教育、文化、法律等学科的知识，提升人工智能技术的社会影响力，解决人工智能技术应用中所遇到的社会问题，如智能教育、智能文化、智能伦理、智能法律等。

（三）应用方向

未来，应用将更加创新化、智能化、价值化，需要人工智能技术提供更创新的产品和服务，提供更优化的方案和策略，提供更智能的辅助和支持。为了实现这些目标，人工智能技术需要在以下几个方面进行探索和实践：

（1）产品创新，即如何利用人工智能技术，设计和开发出更符合客户需求和喜好的金融产品，如智能理财、智能投资、智能保险、智能支付等。这些产品的创新，需要考虑客户的个性化、差异化、多样化等特点，以提供更贴合客户的产品。

（2）服务优化，即如何利用人工智能技术，提供和改善更适合客户场景和体验的金融服务，如智能咨询、智能推荐、智能合约、智能客服等。

（3）辅助支持，即如何利用人工智能技术，辅助和支持更高效和高质的金融决策和管理，如智能风控、智能审计、智能监管、智能预测等。

（4）价值实现，即如何利用人工智能技术，实现更有意义和价值的金融效果和目标，如智能增长、智能创新、智能公益、智能幸福等。

第五节　本章小结

本章从技术和应用两个角度，分析了人工智能在金融领域中的创新和发展机遇，重点关注了以下三种技术的结合：

第一，智能合约和区块链技术与人工智能技术的结合，可以实现金融交易和结算等方面的创新和优化，如数字货币交易和结算、股票交易和结算等。本章介绍了智能合约和区块链技术的概念和特点，以及与人工智能技术结合所产生的协同效应，并举例说明了在金融交易和结算等方面的应用。

　　第二，自主学习和增强学习技术与人工智能技术的结合，可以促进金融问题求解和优化等的实现，如资产组合优化、风险管理优化、定价策略优化等。本章介绍了自主学习和增强学习技术的概念和特点，以及与人工智能技术结合所产生的协同效应，并举例说明了在金融问题求解和优化等方面的应用。

　　第三，联邦学习和隐私计算技术与人工智能技术的结合，可以实现金融风险管理和投资决策等方面的创新和优化，如信用评估和贷款审批、市场预测和投资建议等。本章介绍了联邦学习和隐私计算技术的概念和特点，以及与人工智能技术结合所产生的协同效应，并举例说明了在金融风险管理和投资决策等方面的应用。

　　本章还讨论了人工智能在金融领域中的发展所需要解决的问题和未来的发展方向，如数据问题、技术问题、应用问题。笔者认为，人工智能在金融领域中的应用将对金融业本身、金融市场参与者、金融监管部门等产生深远的影响，同时各有关方面也需要通过技术创新、制度建设、应用创新等方式，应对人工智能技术带来的挑战和风险。笔者期望，人工智能在金融领域中的应用能够令金融机构提供更高效、更安全、更创新、更包容的金融服务，为社会经济发展提供更多元、更高质、更低成本、更普惠的金融资源。

第六章　人工智能+金融行业的
商业模式与价值创造

　　人工智能作为一种跨学科的综合技术，已经渗透到各个领域和行业，成为推动社会经济发展的重要力量。金融作为一种基于信息处理的服务业，与人工智能有着天然的契合度。人工智能+金融是指将人工智能技术应用于金融领域，实现金融服务的智能化、个性化和定制化。

　　人工智能+金融是当今极具创新性和影响力的技术与行业的结合，它为金融行业带来了新的机遇和挑战，也催生了新的商业模式和价值创造方式。随着互联网、大数据、云计算、区块链等新一代信息技术的快速发展，以及人工智能核心技术（机器学习、知识图谱、自然语言处理、计算机视觉）的不断突破，人工智能+金融已经从初期的辅助功能逐步演变为核心竞争力。在此过程中，不仅传统金融机构积极利用人工智能技术改造自身业务流程和服务模式，提升效率和质量，降低成本和风险，还有越来越多的科技巨头、细分领域标杆企业、创新型初创公司等技术提供方进入金融领域，通过开放的技术平台、稳定的获客渠道和持续的创新活动，重新定义价值链创造模式，形成差异化服务能力与多样化盈利模式，并不断拓展新型商业模式与蓝海市场①。

　　人工智能+金融行业的发展引起了广泛关注，国内外学者从不同角度和层面对其进行了研究。从研究角度来看，主要有以下几种：一是从人工智能技术本身出发，探讨人工智能技术在金融领域的应用场景、方法和效

---

　　① 蓝海市场是指未被开发或较少开发的市场。

果；二是从金融行业本身出发，分析人工智能技术对金融行业的影响和意义；三是从技术提供方出发，研究人工智能技术在金融领域的商业模式和价值创造；四是从风险和监管出发，讨论人工智能技术在金融领域的安全性、可信性和合规性。从研究层面来看，主要有以下几种：一是从宏观层面出发，考察人工智能技术对金融体系、金融市场、金融稳定等方面的影响；二是从中观层面出发，分析人工智能技术对金融机构、金融产品、金融服务等方面的影响；三是从微观层面出发，研究人工智能技术对金融消费者、金融投资者、金融从业者等方面的影响。

本章从技术提供方的角度，分析了人工智能+金融行业的发展现状、特征、动力和趋势，以及其对金融行业的影响和意义。

第一节　人工智能+金融行业的技术提供方的发展现状

人工智能+金融行业的技术提供方是指在人工智能技术与金融领域的交叉应用中，提供人工智能技术解决方案、平台或服务的主体。其主要包括以下几种：

一、科技巨头

科技巨头是指拥有强大的技术实力、品牌影响力和市场份额的互联网或科技公司，如谷歌、微软、阿里巴巴、腾讯等。这类技术提供方通常具有以下特点：一是拥有大量的用户数据和流量，可以利用数据驱动的方法进行人工智能技术的研发和应用；二是拥有完善的技术生态系统，可以提供从基础设施到应用层面的全方位的人工智能技术服务；三是拥有丰富的跨行业经验和合作伙伴，可以在不同领域进行人工智能技术的探索和创新。这类技术提供方主要通过以下两种方式参与人工智能技术与金融领域的交叉应用：一是通过自身或旗下子公司直接参与金融业务，如谷歌支付、微软银行、阿里巴巴蚂蚁集团、腾讯微信支付等；二是通过与传统金融机构或新兴金融企业合作，提供人工智能技术支持或解决方案，如谷歌云平台、微软认知服务、阿里云、腾讯云等。

二、细分领域标杆企业

细分领域标杆企业是指在某一细分领域具有领先地位和优势的专业化人工智能公司，如 IBM、赛仕公司（SAS）、百度等。这类技术提供方通常具有以下特点：一是在某一细分领域具有深厚的技术积累和专业知识，可以提供针对性强和效果好的人工智能技术解决方案；二是在某一细分领域具有较高的市场认可度和声誉，可以吸引更多的客户和合作伙伴；三是在某一细分领域具有较强的创新能力和扩展能力，可以不断推出新的人工智能技术产品和服务。这类技术提供方主要通过以下两种方式参与人工智能技术与金融领域的交叉应用：一是通过自身或旗下子公司直接参与金融业务，如 IBM 金融服务、SAS 金融解决方案、百度金融等；二是通过与传统金融机构或新兴金融企业合作，提供人工智能技术支持或解决方案，如 IBM 沃森、SAS Viya、百度大脑等。

三、传统金融机构

传统金融机构是指开展传统金融业务的银行、保险、证券等机构，如花旗银行、平安保险、摩根士丹利等。这类技术提供方通常具有以下特点：一是拥有丰富的金融业务知识和经验，可以更好地理解和满足金融客户的需求和期望；二是拥有稳定的金融客户群和渠道，可以更好地推广和应用人工智能技术产品和服务；三是拥有资质优势。这类技术提供方主要通过以下两种方式参与人工智能技术与金融领域的交叉应用：一是通过自身或旗下子公司直接开展人工智能技术的研发和应用，如花旗银行的 AI 实验室、平安科技、摩根士丹利的机器学习中心等；二是通过与科技巨头或细分领域标杆企业合作，引入或使用人工智能技术支持或解决方案，如花旗银行与谷歌云平台合作、平安保险与 IBM 沃森合作、摩根士丹利与 SAS Viya 合作等。

四、创新型初创公司

创新型初创公司是指以人工智能技术为核心竞争力，专注于某一细分领域或场景的创新型企业，如商汤科技（SenseTime）、第四范式（4Paradigm）、旷视科技（Megvii）等。这类技术提供方通常具有以下特点：一是具有敏锐的市场洞察力和快速的市场响应能力，可以针对某一细分领域或场景提供创新性和差异化的人工智能技术解决方案；二是具有灵活的组织结构和运营模式，可以快速调整和优化人工智能技术产品和服务；三是具有强烈的创业精神和风险意识，可以不断探索和尝试新的人工智能技术应用和商业模式。这类技术提供方主要通过以下两种方式参与人工智能技术与金融领域的交叉应用：一是通过自身或旗下子公司直接参与金融业务，如SenseTime 信用评估、4Paradigm 风控平台、Megvii 人脸识别支付等；二是通过与传统金融机构或新兴金融企业合作，提供人工智能技术支持或解决方案，如 SenseTime 与中国银行合作、4Paradigm 与平安银行合作、Megvii 与支付宝合作等。

以上四类技术提供方在人工智能+金融行业中各有其优势和劣势，也存在着合作和竞争的关系。一方面，它们可以通过合作共享数据、技术、资源和市场，实现互利共赢，提升人工智能+金融行业的整体水平和效益；另一方面，它们也会在某些领域或场景中形成竞争或冲突，需要在保护自身利益的同时，遵守行业规则和监管要求，维护市场秩序和公平竞争。因此，人工智能+金融行业的技术提供方需要根据自身的特点和定位，选择合适的合作伙伴和竞争策略，以实现可持续发展。

第二节　人工智能+金融行业的技术提供方的特征分析

人工智能+金融行业的技术提供方是人工智能技术与金融领域的交叉应用的主要推动者和参与者，它们在人工智能+金融行业中具有以下几个显著的特征：

一、多样性

人工智能+金融行业的技术提供方来源于不同的行业和领域，具有不同的背景、特点和定位。如前所述，人工智能+金融行业的技术提供方可以分为科技巨头、细分领域标杆企业、传统金融机构和创新型初创公司四类，每一类都有其自身的优势和劣势，也有其自身的发展目标和战略方向。这种多样性使得人工智能+金融行业的技术提供方可以从不同的角度和层面在金融领域进行人工智能技术的应用和创新，也使得人工智能+金融行业具有更强的活力和竞争力。

二、开放性

人工智能+金融行业的技术提供方在人工智能技术与金融领域的交叉应用中，采取了开放式合作模式，通过共享数据、技术、资源和市场，实现互利共赢，提升人工智能+金融行业的整体水平和效益。它们也可以通过竞争促进自身和对手的进步和创新，提高人工智能+金融行业的竞争力和活力。此外，人工智能+金融行业的技术提供方还可以通过开放自身或旗下子公司的技术平台、数据平台或服务平台，为其他技术提供方或金融客户提供更便捷、更高效、更优质的人工智能技术服务。

三、创新性

人工智能+金融行业的技术提供方在人工智能技术与金融领域的交叉应用中，展现出了强烈的创新意识和创新能力，通过不断推出新的人工智能技术产品和服务，满足金融客户的多样化需求。如前所述，人工智能+金融行业的技术提供方将人工智能核心技术（机器学习、知识图谱、自然语言处理、计算机视觉）作为主要驱动力，与金融行业的资源优势相结合，重新定义价值链创造模式，形成差异化服务能力与多样化盈利模式，并不断拓展新型商业模式与蓝海市场。

四、长尾性

长尾效应是指在互联网时代，信息传播的低成本和高效率使得少数受欢迎的产品或服务的总体市场需求量可能超过少数热门的产品或服务的总体市场需求量。人工智能+金融行业的技术提供方可以利用长尾效应，通过使用人工智能技术对金融客户进行细致的分析和分类，提供更多的个性化和定制化的人工智能技术产品和服务，满足金融客户的个性化需求，扩大市场覆盖面。

第三节 人工智能+金融行业的技术提供方的价值分析

人工智能+金融行业的技术提供方在人工智能技术与金融领域的交叉应用中，为金融行业带来了巨大的价值，主要体现在以下几个方面：

一、提高了金融服务的效率、质量和普惠性

人工智能+金融行业的技术提供方通过使用人工智能技术，可以实现金融服务的自动化、智能化和个性化，从而提高了金融服务的效率、质量和普惠性。例如，在支付领域，通过使用人工智能技术，可以实现无接触支付、生物识别支付等，提高了支付的便捷性和安全性；在信贷领域，通过使用人工智能技术，可以实现智能信用评估、智能风控、智能催收等，降低了信贷的成本和风险，扩大了信贷的覆盖面；在投资领域，通过使用人工智能技术，可以实现智能投顾、智能交易、智能资产配置等，提高了投资的效率和收益，满足了投资者的多样化需求；在保险领域，通过使用人工智能技术，可以实现智能定价、智能理赔、智能防欺诈等，提高了保险的精准性和公平性，提升了保险的吸引力和信任度；在监管领域，通过使用人工智能技术，可以实现智能合规、智能审计、智能反洗钱等，提高了监管的效率和水平，保障了金融的稳定和安全。

二、促进了金融产品和服务的创新与多元化

人工智能+金融行业的技术提供方通过使用人工智能技术，可以实现金融产品和服务的创新与多元化，从而满足金融客户的不断变化和增长的需求，增强了金融行业的竞争力和活力。例如，在支付领域，通过使用人工智能技术，可以实现跨境支付、社交支付、场景支付等；在信贷领域，通过使用人工智能技术，可以实现消费贷款、小微贷款、供应链金融等；在投资领域，通过使用人工智能技术，可以实现量化投资、社交投资、众筹投资等；在保险领域，通过使用人工智能技术，可以实现场景保险、共享保险、互助保险等；在监管领域，通过使用人工智能技术，可以实现监

管沙箱、监管科技、监管协同等。

三、提升了金融风险管理和监管的能力和水平

人工智能+金融行业的技术提供方通过使用人工智能技术，可以更有效、更精细地对金融风险进行管理和监管，从而保障了金融行业的稳定和安全。例如，在支付领域，通过使用人工智能技术，可以实现对支付行为的实时监测和分析，及时发现和阻止欺诈、洗钱等违法行为；在信贷领域，通过使用人工智能技术，可以实现对借款人的全面和动态的信用评估，有效降低信贷违约和坏账的风险；在投资领域，通过使用人工智能技术，可以实现对市场的深度和广度的分析和预测，有效避免市场波动和异常的影响；在保险领域，通过使用人工智能技术，可以实现精准和动态的定价和理赔，有效减少保险欺诈和道德风险的发生；在监管领域，通过使用人工智能技术，可以实现对金融机构和金融市场的全面和实时的监测和评估，有效发现和处置金融风险与危机。

四、推动了金融行业的数字化转型和结构优化

人工智能+金融行业的技术提供方通过使用人工智能技术，可以实现金融行业的数字化转型和结构优化，从而提升了金融行业的效率和效益。例如，在支付领域，通过使用人工智能技术，可以实现支付流程的数字化、无纸化、无现金化，降低了支付成本和时间；在信贷领域，通过使用人工智能技术，可以实现信贷流程的数字化、无纸化、无人化，降低了信贷成本和时间；在投资领域，通过使用人工智能技术，可以实现投资流程的数字化、无纸化、无人化，降低了投资成本和时间；在保险领域，通过使用人工智能技术，可以实现保险流程的数字化、无纸化、无人化，降低了保险成本和时间；在监管领域，通过使用人工智能技术，可以实现监管流程的数字化、无纸化、无人化，降低了监管成本和时间。此外，在整个金融行业层面，人工智能技术的应用，可以实现金融数据的集中管理、分析和利用，提高了金融数据的价值和效用；也可以实现金融业务的集成协同、创新拓展和优化调整，提高了金融业务的质量和效率。

第四节　人工智能+金融行业的技术提供方所面临的挑战

人工智能+金融行业的技术提供方在人工智能技术与金融领域的交叉应用中，也面临着一些挑战，主要包括以下几个方面：

一、数据的质量和安全

数据的质量和安全直接影响着人工智能技术的效果和可信度。然而，在金融领域，数据往往具有敏感性、复杂性和动态性等特点，给数据的获取、处理和保护带来了困难和风险。例如，在数据获取方面，由于金融客户的隐私保护、金融机构的竞争策略、金融监管的限制等因素，人工智能+金融行业的技术提供方可能难以获取到足够多、足够好、足够新的数据；在数据处理方面，由于金融数据的多样性、复杂性和动态性，人工智能+金融行业的技术提供方可能难以对数据进行有效的清洗、整合和分析；在数据保护方面，由于金融数据的敏感性、价值性和关联性，人工智能+金融行业的技术提供方可能难以防止数据的泄露、篡改和滥用。因此，人工智能+金融行业的技术提供方需要加强对数据的质量和安全的管理，通过使用更先进的技术方法（如差分隐私、同态加密、区块链等），更合理的商业模式（如数据联盟、数据市场、数据共享等），更严格的法律规范（如个人信息保护法、网络安全法、反洗钱法等），来保证数据的完整性、准确性、及时性、一致性、兼容性、稳定性、安全性、合法性和道德性。

二、技术的可解释性和可控制性

技术的可解释性和可控制性直接影响着人工智能+金融行业的信任度。然而，在金融领域，技术往往具有复杂性、黑箱化和自主化等特点，给技术的理解、监督和干预带来了困难。例如，在技术理解方面，由于人工智能技术（尤其是深度学习技术）涉及大量的数学模型、算法和参数，人工智能+金融行业的技术提供方可能难以清楚地解释人工智能技术是如何做出决策或推荐的；在技术监督方面，由于人工智能技术（尤其是强化学习技术）涉及大量的数据反馈、学习迭代和策略调整，人工智能+金融行业的技术提供方可能难以及时地监测和评估人工智能技术的性能和效果；在技术干预方面，由于人工智能技术（尤其是生成式对抗网络技术）涉及大量的数据生成、模型对抗和结果输出，人工智能+金融行业的技术提供方可能难以有效地干预和纠正人工智能技术的错误或偏差。因此，人工智能+金融行业的技术提供方需要加强对技术的可解释性和可控制性的研究和实践，通过使用更简洁的技术方法（如逻辑回归、决策树、贝叶斯网络等），更友好的交互界面（如可视化、自然语言、语音等），更有效的干预机制（如人工审核、用户反馈、伦理委员会等），来保证技术的透明性、可预测性、可验证性、稳定性、一致性、可衡量性、正确性、公平性和道德性。

三、业务的合规性

业务的合规性直接影响着人工智能+金融行业的合法性和社会性。然而，在金融领域，业务往往具有重要性、复杂性和风险性等特点，给业务的规范和评估带来了困难。例如，在业务规范方面，由于金融业务涉及大量的金钱流动、利益分配和权利保护，人工智能+金融行业的技术提供方需要遵守严格的法律法规、行业标准和社会道德，否则可能会造成法律纠纷、经济损失或社会危机；在业务评估方面，由于金融业务涉及客户满意度、市场竞争力和社会影响力，人工智能+金融行业的技术提供方需要评估自身的业务价值和业务责任，否则可能会造成客户流失、市场失利或社会抵制。因此，人工智能+金融行业的技术提供方需要加强对业务的合规性的认识和实践，通过建立更完善的法律体系（如人工智能法、数字货币法、网络安全法等），更有效的监管机制（如监管沙箱、监管科技、监管协同等），更完善的责任机制（如责任主体、责任界定、责任追究等），来保证业务的合法性、合理性和社会性。

第五节　基于 Lemonade 公司的案例分析

本节旨在分析 Lemonade 这家使用人工智能和行为经济学来改变保险业的公司的商业模式与价值创造，以及在金融行业中的商业价值和竞争优势。

一、Lemonade 的背景和概况

Lemonade 是一家成立于 2015 年的美国保险科技公司，其创始人是丹尼尔·施赖伯（Daniel Schreiber）和夏·维宁格（Shai Wininger）。Daniel Schreiber 曾是 Powermat Technologies 的总裁兼首席执行官，Shai Wininger 曾是 Fiverr 的联合创始人兼首席技术官。他们共同创立了 Lemonade，以实现他们对于改变保险业的愿景和使命。

Lemonade 的愿景是让保险变得更简单、更透明、更公平和更有趣，其使命是利用人工智能和行为经济学，为客户提供更好的保险体验，同时也为社会提供更多的价值和贡献。Lemonade 的核心价值观是：

（1）诚实：Lemonade 相信诚实是一种美德，它鼓励客户诚实地使用保险服务，并通过慈善捐赠等方式，奖励客户的诚实行为。

（2）透明：Lemonade 相信透明是一种权利，它向客户清楚地展示保险产品和服务的内容、价格、范围、条款等信息，并通过社交媒体等方式，公开其业务数据和社会影响。

（3）公平：Lemonade 相信公平是一种责任，它与客户共同承担风险，并将每年未使用的保费捐赠给客户所选择的慈善机构，从而实现利益一致和价值共创。

（4）有趣：Lemonade 相信有趣是一种态度，它通过人工智能技术，为客户提供快速、便捷和友好的保险购买和理赔服务，并通过游戏化、故事化和社交化等方式，为客户提供有趣的保险体验。

Lemonade 在 2020 年 7 月在纽约证券交易所上市。Lemonade 在美国提供住宅、租赁、宠物和生活保险等服务，在欧洲提供住宅和租赁保险等服

务，在以色列提供住宅保险等服务。Lemonade还计划在未来扩展其业务范围和地域覆盖范围。

二、人工智能技术在 Lemonade 中的应用

Lemonade利用了多种人工智能技术来实现其商业目标。其中最核心的技术是自然语言处理（NLP）技术。NLP技术是一种让计算机能够理解和生成自然语言的技术，它可以实现多种功能，如文本分析、文本生成、语音识别、语音合成、对话系统等。Lemonade使用了NLP技术来构建其聊天机器人和语音助手，以及进行文本分析和生成。

Lemonade的聊天机器人玛雅（Maya）是一个基于深度学习的对话系统，它可以与客户进行自然语言对话，并根据客户的需求和偏好，为客户提供合适的保险产品和服务。Maya的工作原理是：

首先，Maya会通过文本或语音的方式接收客户的输入，并将其转换为结构化的意图和槽位。例如，如果客户输入"我想买一份租赁保险"，Maya会识别出客户的意图是"购买保险"，而槽位是"保险类型为租赁保险"。

其次，Maya会根据客户的意图和槽位，查询Lemonade的内部数据库，获取相关的信息和答案。例如，Maya会查询租赁保险的价格、范围、条款等信息，并将其返回给客户。

最后，Maya会根据客户的反馈和情绪，动态调整其对话策略和风格，以提高对话的流畅性和友好性。例如，如果客户表示满意或感兴趣，Maya会使用积极或鼓励的语气来引导客户完成购买。如果客户表示不满或犹豫，Maya会使用解释或说服的语气来消除客户的疑虑或顾虑。

Lemonade的语音助手吉姆（Jim）是一个基于深度学习的语音识别和语音合成系统，它可以与客户进行语音交互，并为客户提供快速、便捷和友好的理赔服务。Jim的工作原理是：

首先，Jim会通过麦克风接收客户的语音输入，并将其转换为文本。例如，如果客户说"我家被盗了"，Jim会将其转换为"I was robbed"。

其次，Jim会根据客户的语音输入，分析其内容和情绪，并生成相应的语音输出。例如，Jim会说"很抱歉听到这个消息，请告诉我你丢失了

什么"。

再次，Jim 会根据客户的回答，验证其身份和保险信息，并自动处理理赔申请。例如，Jim 会说"谢谢你的回答，请稍等一下，我正在处理你的理赔申请"。

最后，Jim 会根据理赔结果，通知客户并给出建议。例如，Jim 会说"恭喜你，你的理赔已经批准了，请查收你的银行账户，并注意安全"。

Lemonade 还使用了 NLP 技术来进行文本分析和生成。文本分析是一种从文本中提取有用信息和知识的技术，它可以实现多种功能，如关键词提取、情感分析、主题建模等。文本生成是一种根据给定的条件或目标，自动生成符合要求的文本内容的技术，它可以实现多种功能，如摘要生成、标题生成、问答生成等。Lemonade 使用了文本分析和生成技术来分析客户在社交媒体上对 Lemonade 的评价和反馈，并根据其情感倾向和主题内容，进行相应的调整和改进；生成客户的保险合同、理赔报告、慈善捐赠证书等文档，并根据其内容和格式，进行相应的优化和美化。

三、Lemonade 的商业模式与价值创造

（一）传统保险模式存在的问题

Lemonade 的商业模式是一种基于人工智能和行为经济学的创新型保险模式，它与传统的保险模式有很大的不同。传统的保险模式是一种基于风险转移和利润最大化的模式，它存在以下几个问题：

1. 信息不对称

保险公司和客户之间存在信息不对称。保险公司拥有更多的数据和知识，而客户缺乏足够的信息和理解，导致客户无法做出合理的选择和决策。

2. 利益冲突

保险公司和客户之间存在利益冲突。保险公司的利润来源于收取高额的保费和拒绝或延迟理赔，而客户的利益在于获得低廉的保费和及时的理赔，导致双方之间缺乏信任和合作。

3. 道德风险

保险公司和客户之间存在道德风险。保险公司无法完全监控客户的行

为和风险，而客户有了保险而放松了风险的防范和预防，导致双方之间出现欺诈和浪费。

（二）Lemonade 商业模式的特点

Lemonade 的商业模式是一种基于风险共担和价值共创的模式，它解决了传统保险模式存在的问题。Lemonade 的商业模式具有以下几个特点：

1. 信息透明

Lemonade 通过人工智能技术，提供了信息透明的保险服务，让客户可以清楚地了解保险产品和服务的内容、价格、范围、条款等信息，并根据自己的需求和偏好进行选择和定制。

2. 利益一致

Lemonade 通过行为经济学原理，实现了利益一致的保险服务，让客户可以感受到自己是在为一个好的目的而购买保险，并且不会故意夸大或伪造损失。同时，Lemonade 也不会从理赔中获得利润，而是将每年未使用的保费捐赠给客户所选择的慈善机构。

3. 道德激励

Lemonade 通过自身的社会影响力，实现了道德激励的保险服务，让客户可以感受到自己是在与其他人共同承担风险，并且会受到其他人的认可和赞扬。同时，Lemonade 也会根据客户的行为和风险状况，给予相应的奖励或惩罚。

（三）Lemonade 商业模式所创造的价值

对客户来说，Lemonade 提供了更优质、更透明、更公平、更有趣的保险体验，让客户可以享受到更低廉的保费、更快速的理赔、更定制化的方案、更有意义的目标。

对社会来说，Lemonade 提供了更可持续、更有责任、更有贡献的保险服务，让社会可以受益于更多的慈善捐赠、更少的欺诈和浪费、更高的信任和合作。

对公司来说，Lemonade 提供了更创新、更竞争、更有影响力的保险业务，让公司可以获得更多的客户和市场、更高的收入和利润、更强的品牌和声誉。

四、Lemonade 在金融行业中的商业价值和竞争优势

Lemonade 在金融行业中的商业价值和竞争优势主要体现在以下几个方面：

（一）市场需求

Lemonade 满足了市场上对于更简单、更透明、更公平和更有趣的保险服务的需求，特别是对于年轻人、城市居民、宠物爱好者等群体，他们对于传统保险服务感到不满和不信任，而对于 Lemonade 的保险服务感到兴趣和认同。

（二）技术创新

Lemonade 利用人工智能技术，实现了与客户的自然语言交互、数据的智能分析和生成、理赔的自动处理等功能，大大提高了保险服务的效率和质量，同时也降低了人力和成本的投入。

（三）模式创新

Lemonade 利用行为经济学原理，实现了与客户的利益一致、风险共担、价值共创等模式，大大提高了保险服务的公平性和可持续性，同时也增加了客户和社会的信任和合作。

（四）品牌影响

Lemonade 通过其独特的商业模式和价值观，塑造了一个年轻、时尚、有趣、有责任的品牌形象，吸引了大量的客户和媒体的关注和支持，同时也获得了多项奖项和认证。

根据 Lemonade 的官方数据，截至 2023 年第二季度，Lemonade 拥有超过 300 万活跃客户，其年化保费收入达到 6.67 亿美元，其净收入达到 2.53 亿美元，其净亏损为 1.81 亿美元。

五、Lemonade 所面临的挑战和机遇

Lemonade 虽然在金融行业中取得了显著的成就和优势，但也面临着一些挑战和机遇。具体包括以下几个方面：

（一）法律法规

Lemonade 作为一家保险公司，需要遵守各个国家和地区的法律法规和

标准，这可能会影响其业务的开展和扩张。例如，Lemonade 需要获得各个国家或地区的保险许可证，并按照当地的规定缴纳税费、提交备案资料、接受监管等。此外，Lemonade 还需要注意其使用人工智能技术时是否符合相关的伦理和隐私原则，并尊重客户的权利和选择。

（二）市场竞争

Lemonade 作为一家创新型保险公司，需要面对来自传统保险公司和其他新兴保险公司的市场竞争。例如，传统保险公司可能会利用其规模、资源、经验和渠道等优势，来提供更多样化、更低价的保险产品和服务，以吸引和留住客户。其他新兴保险公司可能会利用其创意、技术、模式和文化等优势，来提供更有特色、更有趣的保险产品和服务，以吸引和留住客户。

（三）客户需求

Lemonade 作为一家以客户为中心的保险公司，需要不断地了解和满足客户的需求和偏好。例如，Lemonade 需要根据客户的不同应用场景、目标和风险，为客户提供更多种类、更多功能、更多定制的保险产品和服务。Lemonade 还需要根据客户的不同反馈、情绪和行为，为客户提供更优质、更透明、更公平的保险体验。

（四）技术发展

Lemonade 作为一家以技术为驱动的保险公司，需要不断地跟进和利用技术的发展和变化。例如，Lemonade 需要根据人工智能技术的进步和创新，为其聊天机器人和语音助手等系统提供更高效、更准确、更智能的功能和服务。Lemonade 还需要根据数据科学技术的进步和创新，为其数据分析和生成等系统提供更全面、更深入、更有价值的信息和知识。

六、案例总结

笔者分析了 Lemonade 这家使用人工智能和行为经济学来改变保险业的公司的商业模式与价值创造，以及在金融行业中的商业价值和竞争优势。笔者发现，Lemonade 通过其独特的商业模式和价值观，为保险公司和客户带来了多种好处，同时也面临着一些挑战和机遇。笔者认为，Lemonade 是一家具有创新精神和社会责任感的保险科技公司，它在保险行业中展现了其潜力和作用。

对于 Lemonade 的未来发展，笔者提出以下几点建议：

第一，持续优化其人工智能技术，提高其聊天机器人和语音助手等系统的性能和质量，同时也注意保护客户的隐私和数据安全。

第二，持续扩展其业务范围和地域覆盖范围，开发更多种类、更多功能、更多定制的保险产品和服务，同时也注意遵守各个国家和地区的法律法规和标准。

第三，持续关注其客户需求和市场竞争，调整其保险价格和方案，同时也注意与其他保险公司进行合作和竞争。

第四，持续强化其品牌影响力和社会影响力，增加其与客户和社会的信任和合作，同时也注意履行其社会责任和公益义务。

第五节　本章小结

本章从技术提供方的角度，分析了人工智能+金融行业的发展现状、特征、动力和趋势，以及其对金融行业的影响和意义。笔者认为，人工智能+金融行业的技术提供方具有多样性、开放性、创新性和长尾性等特征，它们通过将人工智能核心技术（机器学习、知识图谱、自然语言处理、计算机视觉）作为主要驱动力，与金融行业的资源优势相结合，重新定义价值链创造模式，形成差异化服务能力与多样化盈利模式，并不断拓展新型商业模式与蓝海市场。笔者认为，人工智能+金融行业的技术提供方为金融行业带来了巨大价值。笔者还指出了人工智能+金融行业面临的主要挑战和未来研究方向，包括数据的质量和安全、技术的可解释性和可控制性、业务的合规性等。

第七章　人工智能+金融行业的
社会责任与伦理规范

第一节　人工智能+金融行业对社会发展和公共利益的
贡献

人工智能+金融行业是指利用人工智能技术，为金融机构和客户提供更高效、更智能、更便捷的金融产品和服务的行业。这一行业对社会发展和公共利益有着重要的贡献，主要体现在以下几个方面：

一、促进金融普惠

人工智能+金融行业可以通过降低金融服务成本、提高金融服务覆盖率、优化金融服务质量等方式，为广大中小企业和个人提供更多样化、更个性化、更灵活的金融产品和服务，满足它们的多元化金融需求，缩小金融服务差距，促进社会财富分配的公平性和效率。例如，有关机构可以通过人工智能技术，为无抵押或无担保的中小微企业和个人提供快速便捷的信贷服务；还可以通过智能客服、智能投顾、智能理财等，为不同层次和类型的客户提供定制化金融咨询和管理服务。

二、推动金融创新

金融机构可通过大数据、云计算、区块链等技术，获得更强大的数据处理能力、风险管理能力、客户关系管理能力等，开发出更符合市场需求和监管要求的新型金融产品和服务，提升金融机构的竞争力和盈利能力。例如，人工智能可以通过自然语言处理、图像识别、语音识别等，为金融机构提供更高效便捷的身份验证、合规检查、反欺诈等服务；人工智能还可以通过深度学习、强化学习、神经网络等手段，为金融机构提供更精准有效的市场预测、资产配置、交易执行等服务。

三、加强金融教育

金融机构可以通过人工智能教育平台、智能投顾系统、智能理财助手等，为广大金融消费者提供更便捷、更专业、更个性化的金融知识教育和理财建议，提高他们的金融素养和理财能力，增强他们的财富保值增值意识和能力。例如，金融机构可以通过在线课程、互动问答、模拟实验等手段，为不同年龄段和教育水平的客户提供适合他们的金融知识学习内容；还可以通过数据分析、行为分析、风险评估等手段，为不同收入水平和风险偏好的客户提供适合他们的理财产品和策略。

四、提升金融安全

人工智能+金融行业可以通过人工智能反欺诈系统、智能风控系统、智能监测系统等，为金融机构和客户提供更有效、更及时、更精准的风险识别、预警和防范，降低金融犯罪、欺诈和洗钱等违法违规行为的发生概率和损失程度，保障金融机构和客户的合法权益，维护金融市场的稳定性。例如，人工智能可以通过异常交易检测、人脸识别、声纹识别等，为金融机构和客户提供更高水平的身份验证和交易安全；还可以通过情感分析、舆情分析、网络安全分析等，为金融机构和客户提供更全面的市场情报和风险提示。

第二节　人工智能+金融行业对社会问题和公共风险的应对

一、社会问题与公共风险

人工智能+金融行业在为社会发展和公共利益做出贡献的同时，也面临着一些社会问题和公共风险，主要包括以下几个方面：

（一）引发金融危机

数据质量问题、算法缺陷问题、系统安全问题等会导致人工智能系统失效或失控，引发金融市场的恐慌、混乱和崩溃，给金融机构和客户造成巨大损失，甚至引发系统性金融危机。例如，2010年5月6日，美国股市发生了历史上最大的单日跌幅，被称为"闪电崩盘"，部分原因是高频交易算法失控，导致市场出现异常波动。2018年2月5日，美国股市出现了历史上最大的单日点数跌幅，被称为"黑色星期一"，部分原因是基于人工智能的风险平价策略的失效，导致市场出现恐慌性抛售。

（二）造成金融犯罪

监管滞后问题、道德缺失问题、技术滥用问题等会导致人工智能系统被用于从事不法活动，如窃取、篡改、泄露客户的个人信息和财产信息，或利用人工智能技术进行欺诈、洗钱、操纵市场等，危害金融机构和客户的合法权益，破坏金融市场的秩序。例如，2016年2月4日，美国银行巨头富国银行被曝出存在开设虚假账户的丑闻，部分原因是其使用了基于人工智能的销售目标系统，导致员工为了达到不合理的业绩指标而违反道德和法律。2019年3月21日，英国最大的在线银行Monzo被曝出存在被用于洗钱的风险，部分原因是其使用了基于人工智能的自动开户系统，导致其无法有效地核实客户的身份和资金来源。

（三）导致金融歧视

数据偏见问题、算法偏见问题、评估偏见问题等会导致人工智能系统在提供金融产品和服务时对某些个人或群体不公平的待遇，如拒绝或限制他们获取信贷、保险、投资等服务，或给他们提供更高的利率、更低的收益等，侵害他们的权益，加剧社会不公和分化。例如，2018 年 11 月 10 日，美国苹果公司推出了基于人工智能的信用卡 Apple Card，但被指控存在对女性客户进行信用评分歧视的现象，即给予女性客户比男性客户更低的信用额度和更高的利率。2020 年 1 月 16 日，英国保险公司 Admiral 推出了基于人工智能的汽车保险算法，但被指控存在对少数族裔客户保费歧视的现象。

二、应对措施

针对这些社会问题和公共风险，人工智能+金融行业应采取以下应对措施：

（一）加强风险管理

人工智能+金融行业应建立完善的风险管理体系，定期对人工智能系统进行压力测试、安全测试、稳定性测试等，及时发现并消除系统中存在的潜在风险和隐患，防止系统出现故障或异常。例如，美国证券交易委员会（SEC）在 2010 年 "闪电崩盘" 后，建立了一套基于人工智能的市场监测系统，以实时跟踪市场的交易数据和异常行为，以及启动市场暂停机制。

（二）提升伦理素养

人工智能+金融行业的参与者应注重提升伦理素养。开发者、供应者、使用者等各方主体应积极学习人工智能伦理知识，客观认识伦理问题，不低估不夸大伦理风险，主动开展或参与人工智能伦理问题讨论，深入推动人工智能伦理治理实践。例如，美国谷歌公司在 2018 年发布了《谷歌人工智能原则》，提出了 "公平性" "可解释性" "安全性" 等七项基本原则，并成立了专门的人工智能伦理委员会。

第三节　人工智能+金融行业的社会责任和伦理规范的 主要内容

人工智能+金融行业的社会责任和伦理规范是指有关机构和人员在从事人工智能+金融行业相关活动时应遵循的道德准则和行为规范，从而保证人工智能+金融行业的可持续发展，保护金融机构和客户的合法权益。人工智能+金融行业的社会责任和伦理规范主要包括以下几个方面：

一、尊重客户权利

人工智能+金融行业有关机构应尊重客户的基本权利，如选择权、知情权、同意权、反馈权等，不强制或诱导客户使用人工智能+金融产品和服务，不隐瞒或误导客户关于人工智能+金融产品和服务的重要信息，不滥用或侵犯客户的个人信息和财产信息，不干扰或阻碍客户对人工智能+金融产品和服务的评价和投诉。例如，2018 年，中国互联网金融协会发布了《互联网金融消费者权益保护自律公约》，规定了互联网金融机构在提供产品和服务时应遵守的原则和规范，如公开透明、合理收费、保密安全、及时响应等。

二、保护客户隐私

人工智能+金融行业有关机构应注重保护客户的个人隐私，如身份信息、联系方式、交易记录、信用评分等，不在未经客户同意的情况下收集、存储、使用、传输或披露客户的个人信息，不将客户的个人信息用于与提供人工智能+金融产品和服务无关的目的，如广告推送、市场调研等，不将客户的个人信息提供给第三方机构或个人，除非有法律法规或监管部门的要求。欧盟在 2018 年实施了《通用数据保护条例》（GDPR），明确了对个人数据的收集、存储、使用、传输和删除等方面的要求，以及对违反条例者的高额罚款。

三、提高服务质量

人工智能+金融行业有关机构应提高人工智能+金融产品和服务的质量，不制作或提供有缺陷或有害的人工智能+金融产品和服务，不利用人工智能技术误导或欺骗客户，如虚假宣传、价格操纵等，不利用人工智能技术损害或威胁客户的安全和利益，如黑客攻击等。美国联邦贸易委员会（FTC）在 2020 年发布了《人工智能和算法的运用》，提出了对使用人工智能和算法提供产品和服务的机构进行监管的原则和建议，如确保准确性、避免偏见、保证透明性等。

第四节　人工智能+金融行业的社会责任和伦理规范的履行机制

人工智能+金融行业的社会责任和伦理规范的履行机制是指在推动和监督人工智能+金融行业遵守社会责任和伦理规范方面所建立的一系列机制，包括法律法规、行业标准等。

一、法律法规

法律法规是指国家或地区针对人工智能和金融领域所制定的具有强制力和约束力的法律规范，如《中华人民共和国网络安全法》《中华人民共和国民法典》等。这些法律法规旨在为人工智能+金融行业提供明确的法律依据和监管框架，规范人工智能+金融行业的行为和活动，保护人工智能+金融行业的参与者的合法权益，维护人工智能+金融行业的健康发展。例如，《中华人民共和国网络安全法》自 2017 年 6 月 1 日起施行，是中国第一部网络安全领域的综合性法律，其中涉及了对个人信息、重要数据、关键信息基础设施等方面的保护和管理要求。

二、行业标准

行业标准是指由相关部门或机构针对人工智能+金融行业所制定的具

有指导性和参考性的技术规范和管理规范，如《信息技术 人工智能 术语》（GB/T 41867—2022）、《人工智能 知识图谱技术框架》（GB/T 42131—2022）等。这些行业标准旨在为人工智能+金融行业提供统一的技术要求和管理要求，提升人工智能+金融行业的技术水平和管理水平，促进人工智能+金融行业的技术创新和服务创新。

第五节　人工智能+金融行业的社会责任和伦理规范 应对技术发展挑战的策略

首先，要加强人工智能+金融行业的法律法规和标准规范的制定和执行，为人工智能+金融行业提供明确的法律依据和监管框架，规范人工智能+金融行业参与者的行为和活动，保护人工智能+金融行业的参与者的合法权益，维护人工智能+金融行业的健康发展。

其次，要加强对人工智能+金融行业的参与者的伦理教育和培训，增强人工智能+金融行业的参与者的社会责任感和伦理意识，推动人工智能伦理道德融入人工智能+金融行业的全生命周期，推动相关参与者自觉开展自我审查、加强自我管理。

再次，要加强人工智能+金融行业的风险防范和应对机制。人工智能+金融行业的参与者应强化底线思维和风险意识，加强对人工智能的潜在风险的研判，及时开展系统的风险监测和评估，建立有效的风险预警机制，提升人工智能伦理风险管控和处置能力。

最后，要加强人工智能+金融行业的国际合作与交流。人工智能+金融行业的参与者应积极参与全球科技伦理治理，贡献中国智慧和中国方案，推动形成具有广泛共识的人工智能治理框架和标准规范。

第六节　本章小结

首先，本章分析了人工智能+金融行业对社会发展和公共利益的贡献，指出这一行业可以通过促进金融普惠、推动金融创新、增强金融教育、提升金融安全来为社会发展和公共利益做出重要贡献，但也面临着引发金融危机、造成金融犯罪、导致金融歧视等方面的社会问题和公共风险。本章提出了应对这些社会问题和公共风险的措施。

其次，本章接着阐述了人工智能+金融行业的社会责任和伦理规范的内涵，并指出其包括尊重客户权利、保护客户隐私、提高服务质量等几个方面。

最后，本章探讨了人工智能+金融行业的社会责任和伦理规范的履行机制，并提出了一些应对技术发展挑战的策略。

第八章 用户对人工智能＋金融服务的认知、态度和行为意向的研究

本章旨在探索用户对人工智能＋金融服务的认知、态度和行为意向的内容和特征，以及它们之间的关系进行研究。本章研究采用问卷调查法，对中国的金融用户进行了抽样调查，共收集有效问卷 500 份。本章研究运用描述性统计分析、信度分析、因素分析、相关分析和回归分析等方法，对数据进行了分析和处理。

第一节 理论基础和研究假设

一、理论基础

本章研究基于以下几个理论和模型进行研究：

（一）技术接受模型（TAM）

该模型认为用户对新技术的接受程度取决于其感知到的有用性和易用性，而感知到的有用性和易用性又受到其先前的技术认知水平和外部环境因素的影响。

（二）信任－风险理论

该理论认为用户对新技术的信任程度取决于其感知到的风险水平，而

感知到的风险水平又受到其先前的经验、信息、信号等因素的影响。

（三）满意度–忠诚度理论

该理论认为用户对新技术的满意度程度取决于其感知到的期望与实际表现之间的差距，而感知到的期望与实际表现之间的差距又受到其先前的需求、偏好、标准等因素的影响。

二、研究假设

基于以上理论和模型，笔者提出以下研究假设：

（1）H_1：用户对人工智能技术的知识越了解，其对人工智能+金融服务的信任度越高。

（2）H_2：用户对人工智能+金融服务的优势越了解，其对人工智能+金融服务的信任度越高。

（3）H_3：用户对人工智能+金融服务的风险越了解，其对人工智能+金融服务的信任度越低。

（4）H_4：用户对人工智能+金融服务的信任度越高，其对人工智能+金融服务的满意度越高。

（5）H_5：用户对人工智能+金融服务的满意度越高，其对人工智能+金融服务的使用意愿越强。

（6）H_6：用户对人工智能+金融服务的满意度越高，其对人工智能+金融服务的推荐意愿越强。

第二节　研究方法

笔者采用问卷调查法，对中国的金融用户进行了抽样调查，共收集有效问卷 500 份。问卷设计包括以下几个部分：

（1）基本信息：包括用户的性别、年龄、学历、收入等。

（2）用户认知：包括用户对于人工智能技术的知识、人工智能+金融服务的优势和人工智能+金融服务的风险方面的认知水平。笔者使用 5 点李克特量表（1＝非常不同意，5＝非常同意）进行测量。

（3）用户态度：包括用户对人工智能+金融服务的信任度和满意度方面的态度水平。笔者使用5点李克特量表（1＝非常不信任/不满意，5＝非常信任/满意）进行测量。

（4）用户行为意向：包括用户对人工智能+金融服务的使用意愿和推荐意愿方面的行为意向水平。笔者使用5点李克特量表（1＝非常不愿意，5＝非常愿意）进行测量。

本章研究运用描述性统计分析、信度分析、因素分析、相关分析和回归分析等方法对数据进行了分析和处理；使用SPSS 26.0软件进行数据处理和分析。

第三节　研究结果

笔者根据数据分析得出以下研究结果：

一、描述性统计分析

根据描述性统计分析，参与调研的用户的基本信息如下：

（1）性别：男性占54.6%，女性占45.4%。

（2）年龄：18～25岁占22.8%，26～35岁占38.2%，36～45岁占24.4%，46~55岁占10.6%，56岁以上占4%。

（3）学历：高中及以下占8.2%，大专占24.8%，本科占46.2%，硕士研究生及以上占20.8%。

（4）收入：3 000元以下占10.4%，3 000~5 000元（含3 000元）占22.6%，5 000~8 000元（含5 000元）占32.8%，8 000～12 000元（含8 000元）占21.2%，12 000元及以上占13%。

（5）用户认知、态度和行为意向的均值和标准差如表8.1所示。

表 8.1　用户认知、态度和行为意向的均值和标准差

变量	均值	标准差
对人工智能技术的知识的了解	3.42	0.82
对人工智能+金融服务的优势的了解	3.76	0.79
对人工智能+金融服务的风险的了解	3.21	0.86
对人工智能+金融服务的信任度	3.58	0.81
对人工智能+金融服务的满意度	3.64	0.83
对人工智能+金融服务的使用意愿	3.52	0.89
对人工智能+金融服务的推荐意愿	3.48	0.91

数据来源：问卷调查数据。

二、信度分析

根据信度分析，笔者发现用户认知、态度和行为意向各个方面的测量具有较高的内部一致性，其 Cronbach's α 系数均在 0.7 以上（如表 8.2 所示）。

表 8.2　信度分析

变量	Cronbach's α
对人工智能技术的知识的了解	0.82
对人工智能+金融服务的优势的了解	0.85
对人工智能+金融服务的风险的了解	0.81
对人工智能+金融服务的信任度	0.88
对人工智能+金融服务的满意度	0.86
对人工智能+金融服务的使用意愿	0.83
对人工智能+金融服务的推荐意愿	0.84

三、因素分析

根据因素分析，笔者发现用户认知、态度和行为意向各个方面的测量具有较高的结构效度，其累计方差解释率均在60%以上（如表 8.3 所示）。

表8.3 因素分析

变量	因子数	累计方差解释率/%
对人工智能技术的知识的了解	1	62.3
对人工智能+金融服务的优势的了解	1	64.7
对人工智能+金融服务的风险的了解	1	61.8
对人工智能+金融服务的信任度	1	67.4
对人工智能+金融服务的满意度	1	66.2
对人工智能+金融服务的使用意愿	1	63.5
对人工智能+金融服务的推荐意愿	1	62.9

四、相关分析

根据相关分析，笔者发现用户认知、态度和行为意向各个方面之间存在显著的正相关关系，其相关系数均在0.3以上（如表8.4所示）。

表8.4 相关分析

变量	相关系数
用户对人工智能技术的知识的了解与用户对人工智能+金融服务的信任度之间的关系	$r = 0.35$, $p < 0.01$
用户对人工智能+金融服务的优势的了解与用户对人工智能+金融服务的信任度之间的关系	$r = 0.41$, $p < 0.01$
用户对人工智能+金融服务的风险的了解与用户对人工智能+金融服务的信任度之间的关系	$r = -0.32$, $p < 0.01$
用户对人工智能+金融服务的信任度与用户对人工智能+金融服务的满意度之间的关系	$r = 0.45$, $p < 0.01$
用户对人工智能+金融服务的满意度与用户对人工智能+金融服务的使用意愿之间的关系	$r = 0.39$, $p < 0.01$
用户对人工智能+金融服务的满意度与用户对人工智能+金融服务的推荐意愿之间的关系	$r = 0.42$, $p < 0.01$

五、回归分析

根据回归分析，笔者发现用户认知、态度和行为意向各个方面之间存在显著的因果关系，其回归系数均在0.2以上（如表8.5所示）。

表 8.5　回归分析

因变量	自变量	回归系数
用户对人工智能+金融服务的信任度	用户对人工智能技术的知识的了解	$\beta = 0.23, p < 0.01$
用户对人工智能+金融服务的信任度	用户对人工智能+金融服务的优势的了解	$\beta = 0.27, p < 0.01$
用户对人工智能+金融服务的信任度	用户对人工智能+金融服务的风险的了解	$\beta = -0.21, p < 0.01$
用户对人工智能+金融服务的满意度	用户对人工智能+金融服务的信任度	$\beta = 0.31, p < 0.01$
用户对人工智能+金融服务的使用意愿	用户对人工智能+金融服务的满意度	$\beta = 0.25, p < 0.01$
用户对人工智能+金融服务的推荐意愿	用户对人工智能+金融服务的满意度	$\beta = 0.28, p < 0.01$

第四节　研究结论和建议

根据上述研究结果，笔者得出以下研究结论和建议：

一、研究结论

本章研究证实了用户认知、态度和行为意向之间存在正向的影响关系，即用户认知水平越高，态度越积极，行为意向越强烈。这说明用户对人工智能+金融服务有较高的接受程度和评价程度，认为人工智能技术可以为金融服务带来价值，同时也关注其可能存在的风险和挑战。这也表明用户对人工智能+金融服务有较高的使用和推荐倾向，愿意尝试和推广这种新型金融服务模式。

二、研究建议

根据本章研究结果，笔者建议人工智能+金融行业的相关方应该采取以下措施：

（一）增加用户教育

增加用户教育是提高用户认知水平的重要途径。有关方面应该通过各种渠道和方式，向用户传播和宣传人工智能技术的原理、功能、应用等方面的知识，提高用户对人工智能技术的了解，消除用户对人工智能技术的误解和恐惧。

（二）强化用户体验

强化用户体验是提高用户态度水平的关键因素。有关方面应该通过各种渠道和方式，向用户展示和提供人工智能+金融服务的优势和价值，提高用户对人工智能+金融服务的信任度和满意度，增加用户对人工智能+金融服务的认可和评价。

（三）激发用户参与

激发用户参与是提高用户行为意向水平的有效手段。有关方面应该通过各种渠道和方式，向用户提供和推荐人工智能+金融服务的使用和推荐机会，增强用户对人工智能+金融服务的使用和推荐意愿，增加用户对人工智能+金融服务的使用和推荐行为。

第五节　本章小结

本章研究通过问卷调查法，对中国的金融用户进行了抽样调查，分析了用户对人工智能+金融服务的认知、态度和行为意向的内容和特征，以及它们之间的影响关系。笔者通过本章研究发现用户对人工智能+金融服务有较高的接受程度和评价程度，认为人工智能技术可以为金融服务带来价值，同时也关注其可能存在的风险和挑战；也发现用户对于人工智能+金融服务有较高的使用和推荐倾向，愿意尝试和推广这种新型的金融服务模式；并建议人工智能+金融行业的相关方应该采取增加用户教育、强化用户体验、激发用户参与等措施，以提高用户的认知水平，并使用户对人工智能+金融服务有更好的态度和行为意向。

参考文献

陈婷婷, 李宁, 郭威, 2020. 人工智能在金融领域中的应用及其风险分析 [J]. 现代商业 (12): 1-3.

李慧, 刘慧, 2019. 人工智能在金融领域中的应用现状及趋势分析 [J]. 科技创新导报 (23): 26-27.

王宇, 张磊, 2019. 基于人工智能技术的金融风险管理研究 [J]. 现代商业 (10): 1-3.

张婷婷, 刘洋, 2019. 基于人工智能技术的金融产品推荐系统研究 [J]. 现代商业 (12): 1-3.

赵玉芳, 郭威, 2019. 基于人工智能技术的金融客服系统研究 [J]. 现代商业 (11): 1-3.

ARNER D W, BARBERIS J, BUCKLEY R P, 2016. The evolution of fintech: a new post-crisis paradigm? [J]. Georgetown journal of international law, 47 (4): 1271-1319.

BAHRAMMIRZAEE A, 2010. A comparative survey of artificial intelligence applications in finance: artificial neural networks, expert system and hybrid intelligent systems [J]. Neural computing and applications, 19 (8): 1165-1195.

CHEN H, CHIANG R H, STOREY V C, 2012. Business intelligence and analytics: from big data to big impact [J]. MIS Quarterly, 2012, 36 (4): 1165-1188.

DHAR V, STEIN R M, 2017. Machine learning in financial services: changing the rules of the game [J]. Financial analysts journal, 73 (3): 8-11.

GOODFELLOW I, BENGIO Y, COURVILLE A, 2016. Deep learning [M]. New York: MIT press.

HIRSCHBERG J, MANNING C D, 2015. Advances in natural language processing [J]. Science, 349 (6245): 261-266.

JIANG F, JIANG Y, ZHI H, et al., 2017. Artificial intelligence in healthcare: past, present and future [J]. Stroke & Vascular Neurology, 2 (4): 230-234.

LINDELL Y, PINKAS B, 2008. Secure multiparty computation for privacy-preserving data mining [J]. Journal of privacy and confidentiality, 1 (1): 5.

LI H, WU X, 2019. Artificial intelligence with Chinese characteristics: development, challenges and opportunities [J]. Frontiers of information technology & electronic engineering, 20 (9): 1163-1175.

LUCKIN R, HOLMES W, GRIFFITHS M, et al., 2016. Intelligence unleashed: an argument for AI in education [M]. London: Pearson.

NGAI E W, HU Y, WONG Y H, et al., 2011. The application of data mining techniques in financial fraud detection: a classification framework and an academic review of literature [J]. Decision support systems, 50 (3): 559-569.

NICKEL M, MURPHY K, TRESP V, et al., 2016. A review of relational machine learning for knowledge graphs [J]. Proceedings of the IEEE, 104 (1): 11-33.

PHILIPPON T, 2019. The great reversal: how America gave up on free markets [M]. Cambridge: Harvard University Press.

PAULHEIM H, 2017. Knowledge graph refinement: a survey of approaches and evaluation methods [J]. Semantic web, 8 (3): 489-508.

RUSSELL S J, NORVIG P, 2016. Artificial intelligence: a modern approach [M]. Malaysia: Pearson Education Limited.

SZELISKI R, 2010. Computer vision: algorithms and applications [M]. New York: Springer.

SCHERER M U, 2016. Regulating artificial intelligence systems: risks, challenges, competencies, and strategies [J]. Harvard Journal of Law & Technology, 29 (2): 353-400.

YANG Q, LIU Y, CHEN T, et al., 2019. Federated machine learning: concept and applications [J]. ACM Transactions on Intelligent Systems and Technology (TIST), 10 (2): 1-19.

ZENG Y, LU E, HUANGFU C, 2018. Linking artificial intelligence principles [J]. ArXiv, 12: 1812.

附 录

金融用户对人工智能+金融服务的认知、态度和行为意向调查

问卷说明：

亲爱的参与者，您好！感谢您参与本次调查。本问卷旨在探索金融用户对人工智能+金融服务的认知、态度和行为意向的内容和特征，以及它们之间的影响关系。人工智能+金融服务是指利用人工智能技术（如机器学习、自然语言处理、计算机视觉等）提供的金融服务，例如智能投资、智能风控、智能客服、智能保险等。本问卷共有四个部分，包括基本信息、人工智能+金融服务的认知、人工智能+金融服务的态度和人工智能+金融服务的行为意向。问卷的填写时间大约为10分钟，您的回答将仅用于学术研究，我们将严格保护您的个人隐私。请您如实填写，谢谢您的合作！

问卷内容：

一、基本信息

1. 您的性别是：

　　○ 男

　　○ 女

2. 您的年龄是：

　　○ 18 岁以下

　　○ 18~25 岁

　　○ 26~35 岁

　　○ 36~45 岁

　　○ 46~55 岁

　　○ 56 岁以上

3. 您的受教育程度是：

　　○ 高中及以下

　　○ 大专

　　○ 本科

　　○ 硕士研究生及以上

4. 您的月收入是：

　　○ 3 000 元以下

　　○ 3 000~5 000 元（含 3 000 元）

　　○ 5 000~8 000 元（含 5 000 元）

　　○ 8000~12 000 元（含 8 000 元）

　　○ 12 000~20 000 元（含 12 000 元）

　　○ 20 000 元以上

二、人工智能+金融服务的认知

　　以下是一些关于人工智能+金融服务的描述，请您根据自己的理解和感受，对每一项描述进行评价，选择最符合您的答案。评价标准为：1 分表示非常不认同，2 分表示不认同，3 分表示不确定，4 分表示认同，5 分表示非常认同。

5. 我对人工智能+金融服务的概念和特点有清楚的了解。

　　○ 1 分

　　○ 2 分

　　○ 3 分

　　○ 4 分

　　○ 5 分

6. 我认为人工智能+金融服务可以提高金融服务的效率和质量。

　　○ 1分

　　○ 2分

　　○ 3分

　　○ 4分

　　○ 5分

7. 我认为人工智能+金融服务可以满足金融用户个性化和多样化的需求。

　　○ 1分

　　○ 2分

　　○ 3分

　　○ 4分

　　○ 5分

8. 我认为人工智能+金融服务可以降低金融服务的成本和风险。

　　○ 1分

　　○ 2分

　　○ 3分

　　○ 4分

　　○ 5分

9. 我认为人工智能+金融服务可以促进金融创新和发展。

　　○ 1分

　　○ 2分

　　○ 3分

　　○ 4分

　　○ 5分

三、人工智能+金融服务的态度

以下是一些关于人工智能+金融服务的态度表达，请您根据自己的情感和倾向，对每一项表达进行评价，选择最符合您的答案。评价标准为：1分表示非常不同意，2分表示不同意，3分表示不确定，4分表示同意，

5分表示非常同意。

    10. 我对人工智能+金融服务感兴趣和好奇。

        ○ 1分

        ○ 2分

        ○ 3分

        ○ 4分

        ○ 5分

    11. 我对人工智能+金融服务持积极和支持的态度。

        ○ 1分

        ○ 2分

        ○ 3分

        ○ 4分

        ○ 5分

    12. 我对人工智能+金融服务有信心。

        ○ 1分

        ○ 2分

        ○ 3分

        ○ 4分

        ○ 5分

    13. 我对人工智能+金融服务有期待。

        ○ 1分

        ○ 2分

        ○ 3分

        ○ 4分

        ○ 5分

    14. 我对人工智能+金融服务感到满意和认可。

        ○ 1分

        ○ 2分

        ○ 3分

○ 4 分

○ 5 分

四、人工智能+金融服务的行为意向

以下是一些关于人工智能+金融服务的行为意向表达，请您根据自己的意愿和计划，对每一项表达进行评价，选择最符合您的答案。评价标准为：1 分表示非常不可能，2 分表示不太可能，3 分表示不确定，4 分表示很可能，5 分表示非常可能。

15. 我愿意尝试和使用人工智能+金融服务。

○ 1 分

○ 2 分

○ 3 分

○ 4 分

○ 5 分

16. 我愿意推荐和分享人工智能+金融服务给他人。

○ 1 分

○ 2 分

○ 3 分

○ 4 分

○ 5 分

17. 我愿意增加人工智能+金融服务的使用频率，并扩大使用范围。

○ 1 分

○ 2 分

○ 3 分

○ 4 分

○ 5 分

18. 我愿意为人工智能+金融服务付出更多的时间和金钱。

○ 1 分

○ 2 分

○ 3 分

○ 4 分

○ 5 分

19. 我愿意参与人工智能+金融服务的改进和优化。

○ 1 分

○ 2 分

○ 3 分

○ 4 分

○ 5 分

问卷结束，感谢您的参与！